WORDSEARCH

Bath · New York · Singapore · Hong Kong · Cologne · Delhi
Melbourne · Amsterdam · Johannesburg · Shenzhen

This edition published by Parragon Books Ltd in 2014 and distributed by

Parragon Inc.
440 Park Avenue South, 13th Floor
New York, NY 10016
www.parragon.com

Copyright © Parragon Books Ltd 2014
Individual puzzles © Clarity Media Ltd 2014
Cover design by Talking Design

ISBN 978-1-4723-4682-7

Printed in China

```
X S P V K R I C H M O N D S M
L F N O T G N I V O C X B S C
U L A R L N O T N U A T S X L
Q X B L L E A M A N A S S A S
U X M U L R X R D T X V E F U
O G C Y E S E I N R D T L R F
R A H H W N C T N O O M G I F
A R E H E D A H S G T F O A O
I I S A P R A V U E T P D F L
E N A Y O S L N I R H O M A K
M X P Y H E W C V S C C N A R
D A E O U J O R B I T H N X H
T L A I R D N A X E L A A I W
P A K A A A N O R F O L K P W
A G E A A O R O A N O K E T O
```

ALEXANDRIA	LEXINGTON
BUENA VISTA	MANASSAS
CHESAPEAKE	MOUNT ROGERS
COVINGTON	NORFOLK
DANVILLE	RADFORD
FAIRFAX	RICHMOND
FALLS CHURCH	ROANOKE
GALAX	STAUNTON
HAMPTON	SUFFOLK
HOPEWELL	WINCHESTER

2. The Civil War

```
S  E  A  N  T  I  E  T  A  M  S  E  O  H  C
O  D  N  A  A  R  H  S  P  U  S  E  B  C  X
U  A  A  L  R  G  E  T  T  Y  S  B  U  R  G
K  K  D  P  O  F  S  T  R  A  D  M  L  S  Q
S  C  T  A  B  C  O  E  M  O  I  R  L  C  D
V  O  O  D  U  L  N  R  C  U  N  I  R  O  U
U  L  F  N  U  S  Q  I  T  E  S  O  U  T  H
B  B  Z  O  F  N  H  S  L  H  S  T  N  T  I
M  N  I  C  G  E  I  I  D  M  E  S  R  Q  A
P  G  R  A  N  T  D  O  L  S  D  N  I  O  R
O  P  T  N  O  S  L  E  N  O  D  T  R  O  F
Q  I  L  A  Y  N  A  M  R  E  H  S  B  Y  N
T  U  T  J  C  H  I  C  K  A  M  A  U  G  A
L  S  Z  R  A  W  L  I  V  I  C  U  S  U  U
H  E  L  U  W  Q  D  C  P  S  F  Y  R  I  P
```

ANACONDA PLAN	GETTYSBURG
ANTIETAM	GRANT
BLOCKADE	LINCOLN
BULL RUN	NORTH
CHICKAMAUGA	SCOTT
CIVIL WAR	SECESSION
CONFEDERACY	SHERMAN
FORT DONELSON	SHILOH
FORT HENRY	SOUTH
FORT SUMTER	UNION

```
E K L P O E P P K Y G B R A U
D M A N H A T T A N P O V O S
W E E N W A H S N J A V O Q H
W P R H S C Q N S A X E N E L
L I S B T A X T A T A R P W P
V T C A Y A S R S I U L V Z B
S L O H T T L C R T I A L A J
I A Y T I C N O I T C N U J S
T W A I C T P A V T S D M L G
A R L K N M A P E O Y P I E S
L E A V E N W O R T H A D A A
W N W T D P S R A B T R W W L
P C U S R T O P R N I K E O I
S E A U A H U T C H I N S O N
S D O D G E C I T Y I V T D A
```

DERBY	LEAWOOD
DODGE CITY	LENEXA
EMPORIA	MANHATTAN
GARDEN CITY	MIDWEST
HUTCHINSON	OLATHE
JUNCTION CITY	OVERLAND PARK
KANSAS CITY	SALINA
KANSAS RIVER	SHAWNEE
LAWRENCE	TOPEKA
LEAVENWORTH	WICHITA

4. Leonard Cohen

```
B L S S E N K R A D P L J R O
I S Z E W B E F O R R E A L R
Y C N D M I T H E F U T U R E
C P A S S I N G T H R O U G H
A S S N R O T T R N O N X A T
R E I T T E N G E O N J F R A
C I T M S F T G N R S I Y K E
O R R V Y E O T W I L K I T H
M O A E E O U R E R S A N H R
E M P F G O U G G L I O D S A
D E E I O N E R E E E T L Y E
Q M H P X N I O M H T H E C D
X V T T I P A S Z A T N T R T
S A E D I D L O E N N A Z U S
A H A L L E L U J A H B P S E
```

BE FOR REAL
CLOSING TIME
DARKNESS
DEAR HEATHER
DEMOCRACY
HALLELUJAH
I CAN'T FORGET
I'M YOUR MAN
JOAN OF ARC
MEMORIES

OLD IDEAS
PASSING THROUGH
SINGER
SONGWRITER
SUZANNE
THE FUTURE
THE GUESTS
THE LETTERS
THE PARTISAN
WINTER LADY

```
S J O A I J I X S W W L Y J S
O G M K I L D Z H A P O N O T
T G I A S G N I H S R E P Q O
D P N H A W T H O R N E A X R
L L D A Y E R I N G T O N E E
O A E K P U M U F L Y O N S Y
B S N I W B S I X O L O S O D
M V N I F W N K J R L S R G M
U E A V A D L A R E M S E B R
H G H K C O L E V O L U D E Y
O A V C E I R O L E J V N L W
S S K L O R R I G Y R Q A K T
L Y E T T I U J I F A L L O N
P A A N K T P E K A Y Q O I S
A R R F P T R C V N L T G N S
```

ELKO	LOVELOCK
ELY	LYON
ESMERALDA	MINDEN
EUREKA	PERSHING
FALLON	PIOCHE
GOLDFIELD	RENO
HAWTHORNE	STOREY
HUMBOLDT	TONOPAH
LANDER	WHITE PINE
LAS VEGAS	YERINGTON

6. World Leaders

```
P J O A S M S V R N U R U A P
W J D R N C T A K E A O X D V
A G G E I R A J O Y L O T T M
E C N Z T E O T G T I Y Q Z E
S C A I U S T U J H E H W L A
O T I M P R O D S I G I V W A
S S Q R E N E P S S E N N A M
L S E Z D R I I F J E D I E T
H D K T N R O J N T J F R S L
O B A M A E Z N A F R K F O S
R N R E L P R N A G E T R O S
R T Z I L R Y L Z L H L L D O
A F A A O A W L P N K K D D S
W B I H H H P I G A U C K T S
A G E U N H Y E V Q M D A S A
```

ABE	MUKHERJEE
CAMERON	NETANYAHU
GAUCK	NIETO
GEUN-HYE	OBAMA
HARPER	ORTEGA
HOLLANDE	PUTIN
JINPING	RAJOY
KARZAI	REINFELDT
KEQIANG	ROUSSEFF
MERKEL	SINGH

```
S Y A D Y R E V E R U K F H X
H E D E O N M Y O W N A A O E
N A B N S G D S A C N V D L N
H P T J A S E Q L T T O B A J
Y U S O J V A A I V R Y E F F
L U B L A I Q N T I Y J A N S
S R R R V U E K R S L S D W L
T F U A E R O M Y A D E N O S
A C J S R H U G V Z P O J D U
T I O F T S C B A B E T G K I
S U N S I K O O B U N E N O R
S T C C E L V O R P U A E O A
R I A O F T M H T V S I A L M
R L A R U V T T K Z A J R U C
I S E H S H S E Y E J G R R U
```

BABET
BOOK
BRUJON
CLAQUESOUS
COSETTE
DOG EATS DOG
ENJOLRAS
EVERY DAY
FANTINE
FILM

GAVROCHE
JAVERT
LOOK DOWN
MARIUS
MONTPARNASSE
MUSICAL
ON MY OWN
ONE DAY MORE
STARS
VALJEAN

9

8. Carnivores

```
P E N U S T M T J A O O S K A
I E U O S U H R K E J P W A A
R E C X C X L W I T P X U C A
A E U D T L O R O O U H E I O
N S H T U L A F O W U R W K K
H K P T F U N F J H P I F S O
A A E I N G O L Z S I V S S H
U A L G D A I A Z H W E U T Y
H C G E L E P U L I O B R Q N
A Y A R I S R E I B B S H W U
W S E T O Y O C Y A J V R F A
K Y T N N P C I D S X J G C V
M W B E A R S G O D J T K S K
L L E R T S E K A Q J A M O M
U R D E K R A H S J Y U B N K
```

BADGER	LEOPARD
BEAR	LION
CAT	PANTHER
COYOTE	PIRANHA
EAGLE	SCORPION
FALCON	SEAGULL
FOX	SHARK
HAWK	SPIDER
HYENA	TIGER
KESTREL	WOLF

```
D  D  U  O  S  V  P  S  P  H  W  Z  R  X  S
K  X  A  E  D  A  X  L  P  S  L  C  C  L  O
A  U  D  I  T  I  O  N  X  T  Y  S  O  O  H
N  R  G  N  I  H  T  E  H  T  C  C  T  R  X
S  K  R  R  T  N  E  C  S  E  D  E  H  T  G
S  I  X  I  E  S  N  S  R  T  O  F  E  O  N
V  S  N  H  R  U  I  E  H  P  O  J  R  J  I
K  C  U  I  N  E  W  C  E  I  A  K  I  W  T
N  R  S  O  S  S  I  S  R  W  N  A  N  L  N
O  E  S  N  I  T  S  R  S  O  O  I  G  R  U
C  A  F  A  P  D  E  M  R  L  X  L  N  H  A
W  M  S  U  S  P  I  R  I  A  S  E  L  G  H
R  K  U  L  F  I  S  S  A  J  C  J  E  A  E
V  B  T  H  E  O  M  E  N  E  I  L  A  H  H
U  S  G  U  D  A  E  D  L  I  V  E  E  H  T
```

ALIEN	SINISTER
AUDITION	SUSPIRIA
CARRIE	THE DESCENT
HALLOWEEN	THE EVIL DEAD
INSIDIOUS	THE EXORCIST
JAWS	THE HAUNTING
PSYCHO	THE OMEN
REC	THE RING
SAW	THE SHINING
SCREAM	THE THING

10. Mexico City

```
B O Q A C I Z T A P A L A P A
A A H Z O O T I P E T U L Q P
P C Y C A L L I N U G A L A L
F E R A B T Y O T F K Z B V A
J T Q P M L L L N E W I J X M
V Z S O F U A A T I M R C O I
U A C T K L O E A Q A X S C J
L O L Z P L X S U P P R S H A
A I U A O C S C O X L U O I U
T D N L O O C I X E M I Y M C
I A D C E F A T N A S E M I A
P T O O G S P Y F E L U S L Y
A S E D N O C N A L O P M C A
C E G T H I Z T A C A L C O T
B L J S N L J V Z O V I B M K
```

AZCAPOTZALCO
CAPITAL
CITY
COLONIA ROMA
CONDESA
CUAJIMALPA
ESTADIO AZTECA
IZTACALCO
IZTAPALAPA
LA LAGUNILLA

LAKE TEXCOCO
MEXICO
MILPA ALTA
MUSEO SOUMAYA
POLANCO
SANTA FE
TEPITO
TLALPAN
VALLEY
XOCHIMILCO

11. Iowa

```
G E T R H H O P O V Y S Y K T
F R C E D A R F A L L S T R S
A R O B C W E S O R D L I W E
D A O Q R K I G D R O C C M W
U Q L D D E W D Y P E E A P D
B D R Y N Y M N A D Y R W P I
U E E A E E V E A C I S O N M
Q S T I U S T R R O O L I F T
U M A L H T R T N C K U H I Z
E O W C L A R K E C O U N T Y
F I G S P T E J O B T U T T D
S N A I L E W U Y N E K N A Y
E E D A V E N P O R T X S T S
I S M C Y T I C X U O I S D Y
J R S A Y P U R B A N D A L E
```

AMES
ANKENY
BETTENDORF
BREMER COUNTY
CEDAR FALLS
CEDAR RAPIDS
CLARKE COUNTY
DAVENPORT
DES MOINES
DUBUQUE

HAWKEYE STATE
IDA COUNTY
IOWA CITY
MARION
MIDWEST
POLK COUNTY
SIOUX CITY
URBANDALE
WATERLOO
WILD ROSE

12. Julia Roberts

```
S D Y I N G Y O U N G R H J L
A M Y Y L L I H G N I T T O N
Z O R E V O L Y A R P T A E Y
Z N C U F L A T L I N E R S N
I A O E N A M O W Y T T E R P
P L C Y A A Y T I C I L P U D
C I L X E N W O R C Y R R A L
I S O M T V S A O S K O O H T
T A S T Z R A T Y B E X T A M
S S E R T C A P W B P T J A O
Y M R O C Y L L I E R Y R A M
M I C H A E L C O L L I N S P
Y L L U B T N A E H T V D L E
N E V E L E S N A E C O E E T
F J U J T H E M E X I C A N S
```

ACTRESS
CLOSER
DUPLICITY
DYING YOUNG
EAT PRAY LOVE
FLATLINERS
HOOK
LARRY CROWNE
MARY REILLY
MICHAEL COLLINS

MONA LISA SMILE
MYSTIC PIZZA
NOTTING HILL
OCEAN'S ELEVEN
OCEAN'S TWELVE
PRETTY WOMAN
RUNAWAY BRIDE
STEPMOM
THE ANT BULLY
THE MEXICAN

CHROMIUM

COBALT

COPPER

GOLD

IRIDIUM

IRON

LEAD

MAGNESIUM

MERCURY

NICKEL

PALLADIUM

PLATINUM

RADIUM

SILVER

THORIUM

TITANIUM

TUNGSTEN

URANIUM

ZINC

ZIRCONIUM

14. The Great Lakes

```
D O A L J B S T T J U J D S Q
M N S U A R O I R E P U S A T
F T T R S L D U L U T H O W P
Y A B R E D N U H T I E Q T O
M R S D E V E F L P H U R O N
G I O H X V I T W A N E P L A
G O C R E V I R T E M U L A C
Z R L H L B E R O E I S X F L
R T E K I C O A A G U P G F D
O Z V E K G E Y S R A Q F U X
Q T E S N L A E G R A C R B R
O O L O Q B M N R A O G I A E
Y J A Z U A A S P I N W A H M
O U N M E L A Y O R E L S I C
I L D A V A L E G R I F F O N
```

ALPENA
BUFFALO
CALUMET RIVER
CHICAGO RIVER
CLEVELAND
DULUTH
ERIE
GREEN BAY
HURON
ISLE ROYALE

LE GRIFFON
MARQUETTE
MICHIGAN
NIAGARA RIVER
ONTARIO
SHEBOYGAN
SHIPWRECKS
SUPERIOR
THUNDER BAY
TOLEDO

```
U E S H E N A N D O A H B L Z
T C A E R S Y O A U W S W K V
M B W V N X Q M E B O T Y J I
M R T R S V A L H A L L A F R
C I O L T F A A T I F R W M S
H A O T V A B S A R O K A O L
K T T A H T W G L D T D S M K
N S H S E O J I F R I H A O T
W R M T K V R B N S S T T W L
A A O O E I I N O D Y A C L C
V N R H K V L N D I R U H C L
N V A L K Y R L A I T I I R Y
G L T T K L E R O C K Y V E T
K T R M U G E N E V I E V E I
I U B N T E S D I S O N X K R
```

ABSAROKA
BAIRD
BIG SALMON
CATSKILL
ELKHORN
FLATHEAD
GENEVIEVE
MADISON
OWL CREEK
ROCKY

SAWTOOTH
SHENANDOAH
SMOKY
TETON
THORNDIKE
VALHALLA
VALKYR
WASATCH
WIND RIVER
WOLF

```
U A T I L O L I P F O E F I L
Y T U A E B K C A L B V W Q P
I B S T W I L I G H T L R M N
R T S I C R O X E E H T X R F
E M I T F O L E E H W E H T B
T E O C A R T E M I S F O W L
T Y U G Y G D I S C W O R L D
O R N O O M T H G I N D O O G
P O T A K A N A N C Y D R E W
Y T H E H U N G E R G A M E S
R S T H E K I T E R U N N E R
R E E O L A F F U R G E H T R
A V N W O D P I H S R E T A W
H O K U Q T I B B O H E H T N
R L J U D D O N Q U I X O T E
```

ARTEMIS FOWL
BLACK BEAUTY
DISCWORLD
DON QUIXOTE
DUNE
GOODNIGHT MOON
HARRY POTTER
LIFE OF PI
LOLITA
LOVE STORY

NANCY DREW
THE EXORCIST
THE GREAT GATSBY
THE GRUFFALO
THE HOBBIT
THE HUNGER GAMES
THE KITE RUNNER
THE WHEEL OF TIME
TWILIGHT
WATERSHIP DOWN

```
A H K D O S U L U Z T M L R T
S W N L A R S A Z U O B M G B
K W A A O Q L K H K R A K E N
R I S P E G U A R P N T Y C R
A L L O O C E A N A R I U M S
P D A L L O I T D H Q P S S
E A M A E E A E D I O S E A P
M R I R E R E R N N C A N U I
E C N E L S W S B O A A G C H
H T A X E C O H A E N S U L Y
T I T P E I S L A T A O I S A
L C R R T Q I R O L N R N T L
P W N E S V Q N U Y E A S R Z
X N E S K A I U M A H S M S L
O D I S C O V E R Y C O V E U
```

ANIMALS
AQUATICA
DISCOVERY COVE
KILLER WHALES
KRAKEN
MANATEES
MANTA
OCEANARIUMS
ONE OCEAN
ORLANDO

PENGUINS
POLAR BEARS
POLAR EXPRESS
SAN ANTONIO
SAN DIEGO
SHAMU
SHARKS
STEEL EEL
THEME PARKS
WILD ARCTIC

19

18. Famous Actresses

```
O T S F W I N T U L Y D H C C
F E L O I W R M E L C V O A Z
Y T N S L O U E T T M K N Z G
A U A T D B B I L H P L A J P
U I M E E S P S A K A O S Y T
O R T R A W E T S L G I N B J
F N R F L L H R T C A G B M I
A Y O A A A S E R S N E O Q R
P X P D W N X B E N I N G N A
S I V A D I O O E I R A A Q R
A L Y M I S A R P O L B Q S H
M K H S A T T V E B F O I T A
R X L M Z O T C A H Y R J I W
B S U S I N U K P I T U A I J
K B J A T A D R L T V I Q P U
```

ADAMS
ALBA
ANISTON
BENING
BERRY
DAVIS
DIAZ
FOSTER
FOX
HATHAWAY

HEPBURN
JOLIE
KUNIS
MONROE
PORTMAN
ROBERTS
STEWART
STREEP
THERON
WILDE

```
M T T L V A L U M R O F E H T
N T H E G O D F A T H E R H W
L A E U L T H E B R A V E F G
F P M A R A N O Y A S W O U L
B O E H A Z U U L L I H Y D M
H C N A S J Y L U L N S R A O
T A O N E E Y E D J A C K S R
H L S P A Z R O N N I M F T I
E Y N I C C N F D O U I H D T
C P A W S E A D E E M E R U U
H S C I U O O N K H S E S O R
A E T H I L E K D C T S E J I
S N O I L G N U O Y E H T R A
E O R S U P E R M A N P O J F
U W W K J T E A D A M I E U Q
```

ACTOR	SUPERMAN
APOCALYPSE NOW	THE BRAVE
CANDY	THE CHASE
FREE MONEY	THE FORMULA
GUYS AND DOLLS	THE FRESHMAN
JULIUS CAESAR	THE GODFATHER
MORITURI	THE MEN
ONE-EYED JACKS	THE SCORE
QUEIMADA	THE WILD ONE
SAYONARA	THE YOUNG LIONS

20. Abraham Lincoln

```
J G G W G K I Z K E R O U V H
K N E E N D E D S L A V E R Y
A P I C T L W A S H B P S A W
L N K E N T U C K Y R U S W P
X H Y L A W Y E R E T S U K O
M C O N G R E S S M A N R W U
H P L D I T E I B S I T A A T
A H I M G L D P S U W I W H O
A D N Z B E M I U H R D L K J
B D C O N A N A T B A G I C O
R O O T R A H V H E L A V A H
A T L Y T Z E T I L M I I L N
H T N E E T X I S L A O C B S
A S D M E M O R I A L N P A O
M A D O V J J T H D C E N I N
```

ABRAHAM
ASSASSINATED
BLACK HAWK WAR
BOOTH
CIVIL WAR
CONGRESSMAN
ENDED SLAVERY
GETTYSBURG
HAMLIN
HODGENVILLE

JOHNSON
KENTUCKY
LAWYER
LINCOLN
MARY
MEMORIAL
PRESIDENT
REPUBLICAN
SIXTEENTH
TODD

```
T A T T O O S Z T S C O A E R
W H A T C H A S A Y B S R R E
I S E D F O P N U O T O T E J
S U F O U E M L O E S S T L U
D I O S T M V I O O G W D O N
G L N Y U H B I N M Y H E A D
N R C G R C E G R G M S O D E
I I I W E O W R A D H T L E F
H G T D H R F L S P T O E D E
T T O S I A A T J I F S M X A
A I S T S N T B H P D E E E T
E A E I T E S I S G R E X T E
R R J O O E T O F V I T O W D
B E C A R E F U L T R F F S Z
U K R M Y T S T U O D E E L B
```

BE CAREFUL
BLEED OUT
BREATHING
COMING HOME
DUMB
FIGHT FOR YOU
FUTURE HISTORY
IN MY HEAD
IT GIRL
RELOADED

RIDIN' SOLO
SINGER
SONGWRITER
TATTOOS
TEST DRIVE
TEXT
THE OTHER SIDE
UNDEFEATED
WHAT IF
WHATCHA SAY

22. The Osmonds

```
L N S L O W R I D E X H Y K H
T M S T U C A N A L P E H T O
C R D O N N Y Y Y O I P R H S
T O S S E A N A N B L I X E E
N T E S H A W J N E L C E P G
G S E S R O H Y Z A R C M R C
W N T R R R M J B F L R I O R
S I E E H R C E Q A D A T U I
P A U N P G F O M Y B A Y D U
L R Y E L P P A D A B E N O Q
U B N M A I I A M E D A A N Y
R A U A M T Z N O I Q E R E A
R N J R Y I T M O I L I I L N
V D C I L S J M S U U Y P Z N
T W M E R R I L L E T M E I N
```

ALAN	JIMMY
ANYTIME	LET ME IN
BABY WANTS	MARIE
BAND	MERRILL
BRAINSTORM	ONE BAD APPLE
CRAZY HORSES	SLOW RIDE
DONNY	STEPPIN' OUT
FAMILY	THE PLAN
HOMEMADE	THE PROUD ONE
JAY	WAYNE

```
Y  Y  C  S  A  R  I  O  C  E  A  T  R  H  V
E  O  V  L  A  T  W  D  T  R  P  P  V  Z  G
G  F  R  O  W  X  O  D  S  F  P  Y  U  O  L
A  B  A  N  S  L  A  U  B  K  L  L  O  I  S
E  C  S  R  P  Y  J  M  J  C  R  U  U  T  D
N  N  H  H  O  S  A  G  O  J  P  W  T  J  L
O  L  I  G  N  C  A  R  P  I  K  E  G  E  E
T  N  P  R  K  O  A  N  Y  B  U  O  A  I  M
K  T  W  E  A  L  M  T  D  E  C  E  K  G  Z
N  R  R  T  S  M  L  L  F  H  G  L  R  Z  L
A  E  E  S  S  A  B  B  A  I  E  L  A  H  W
L  V  C  B  D  G  C  U  L  S  S  A  H  M  E
P  I  K  O  C  R  A  B  S  L  R  H  S  P  W
E  D  C  L  T  N  U  U  M  Y  Y  Z  T  J  K
S  I  X  J  D  L  M  U  T  J  O  N  U  I  B
```

BASS	MACKEREL
CARP	MUSSEL
CATFISH	PIKE
CLAM	PLANKTON
COD	SALMON
CORAL	SAND
CRABS	SHARK
DIVER	SHIPWRECK
DOLPHIN	SUBMARINE
LOBSTER	WHALE

```
C  R  M  T  S  R  T  Z  F  T  L  A  C  P  Y
M  B  S  M  A  M  B  O  G  G  A  T  K  Z  L
I  P  U  W  A  O  X  I  N  Q  L  W  A  F  T
R  T  T  R  F  T  S  I  W  T  R  E  J  C  S
F  L  P  J  R  P  W  P  V  H  A  B  T  J  G
F  O  E  O  D  S  X  O  Y  F  U  N  F  S  S
X  H  T  S  B  A  S  C  S  L  T  L  G  S  F
H  M  S  P  A  M  A  S  T  A  A  K  A  O  T
A  Z  K  W  L  B  L  I  P  M  B  C  P  Z  S
I  T  C  R  L  A  S  D  E  Q  M  M  I  V  Y
W  L  I  N  E  D  A  N  C  E  U  I  U  A  B
A  A  U  X  T  N  C  A  H  V  R  X  O  Z  E
C  W  Q  R  C  O  S  K  Q  I  T  Y  V  P  E
T  I  M  E  W  A  R  P  S  J  D  L  A  O  O
F  F  U  O  R  A  J  X  K  N  L  O  W  R  R
```

BALLET	RUMBA
CALYPSO	SALSA
DISCO	SAMBA
FLAMENCO	SWING
FOXTROT	TANGO
HULA	TAP DANCE
JIVE	TIME WARP
LINE DANCE	TWIST
MAMBO	WALTZ
QUICKSTEP	ZUMBA

```
H T A L P P V V L B V L K A T
E E R Y L B Q R U I O V C U M
A R E Z U E M T U M P Y V M G
S S V N H S W H P R T A H K G
A T R P E G J O G E Y S L T A
O L A F B K R R L E H D O E I
U H C V P P I E B G C N I R Y
Z J L O A B R A B B O I U L F
P B S O T O I U A S K L O O X
D R W H I T M A N F N D L Q I
S L L A U U N I A W T I E S N
I B O C S L K P N I R J G S H
L T T H J C A U O R E K N T R
R E L L I V L E M E U R A O D
S A L D H L B R R B B I K W J
```

AIKEN
ALCOTT
ANGELOU
BLY
CARVER
DICKINSON
FROST
GINSBERG
KEROUAC
KOCH

LINDSAY
LOWELL
MELVILLE
PALEY
PLATH
POE
SOTO
THOREAU
TWAIN
WHITMAN

```
B V P P N A W X O Z A W G E U
T B R A D L E Y S B P O O E D
R E A G L E C O U N T Y Y U U
O L T H O M E R M S P L T D L
C M B L F P S P S C E V L A U
T S E W Y E K P T O O T G X T
N P U N T A G O R D A U R W H
N N L K N B E U G I A I R G T
V T A F O U R C O R N E R S F
L A R S G D D A D R P G R P E
B E T H E L I I N P N L S I V
L E X H K M A A L S T O E A J
K J D Z S A O E K P O Q T N I
S L I H U E Y N A S A N I A K
U S U B M U L O C A S H P L B
```

ANIAK
BATON ROUGE
BETHEL
BRADLEY
BRANSON
COLUMBUS
DULUTH
EAGLE COUNTY
EPPLEY
FOUR CORNERS

HOMER
KEY WEST
KODIAK
LAGUARDIA
LANAI
LIHUE
MUSKEGON
NOME
PALM SPRINGS
PUNTA GORDA

```
A D U U S P R I N G F I E L D
O R B L B N M H S N T C N F N
P O E B U I A U M O Y O C N A
A F N I R D C B H F M L Y I L
U T N M L A N R L S I C T A T
E R I E I E H A E A L H H L U
I A N H N D P T L T T E R P R
K H G V G L D T R G O S M M S
S L T D T B X L N E N T K A S
O T O C O A R E E O P E Z H C
O I N U R T B S B M R W C U
N E W P O R T O T S U A R E F
I S E N N E G R E V E R T K N
W I L L I S T O N T F I Y A Y
E U V Q T R S Q I Y A R S L S
```

BARRE
BENNINGTON
BRATTLEBORO
BURLINGTON
CAMEL'S HUMP
COLCHESTER
ESSEX
HARTFORD
LAKE CHAMPLAIN
MIDDLEBURY

MILTON
MONTPELIER
NEW ENGLAND
NEWPORT
RUTLAND
SPRINGFIELD
ST ALBANS
VERGENNES
WILLISTON
WINOOSKI

28. Game Of Thrones

```
S Y S I U A P G P C A R G G S
B G P P O C E S F E A T V L F
L R N Q Y Z L H Z Z A Y S N D
I I R O D E D A E N E R Y S D
K T O O I A D E N J Y I T O B
A T B A A H R S A N O O S R R
W E N O R H T N O R I N Z E E
J M O A E A E I I S K S T T I
R I R W R L L E W M A S T S X
A A I K R B S S T R R N O E X
U J Y M P T M R K X H R S W R
R Y O R A S O E R K T R T A L
L E D W A X U C U N O E H T U
T I A X P S P I V B D H P W R
R L I T S H I O B F R Y T L V
```

ARYA	NED
BRAN	ROBB
CERSEI	SAMWELL
DAENERYS	SANSA
DOTHRAKI	SHAE
IRON THRONE	STARK
IRONBORN	THEON
JAIME	TYRION
JON	WESTEROS
LANNISTER	YGRITTE

```
E M K E K N O T G N I X E L R
B L A C K M O U N T A I N O P
E E L M O D N O M H C I R U I
G L O I M V N O E A K W B I K
R L I R V O I A S R M U O S E
O I T Z N S T N L R U J W V V
G V R O A W N H G H E R L I I
R S O R B B O I C T S D I L L
E A F O A E T K A O A N L L
V L K B A Y N T E P V N G E E
I O N S I U A M H G O E G Y H
R H A N J M U O O T R H R A L
D C R E V I R O I H O O E L O
E I F W H A C U D A P W E Z T
R N T O F L O R E N C E N G I
```

ASHLAND	LEXINGTON
BLACK MOUNTAIN	LOUISVILLE
BOWLING GREEN	MAMMOTH CAVE
COVINGTON	NICHOLASVILLE
ELIZABETHTOWN	OHIO RIVER
FLORENCE	OWENSBORO
FRANKFORT	PADUCAH
GEORGETOWN	PIKEVILLE
HENDERSON	RED RIVER GORGE
HOPKINSVILLE	RICHMOND

```
R I Z R E H P O T S I R H C A
E K E T R N H X K M P F C T H
L S P J I O D I U B A S H H U
L L N I G I G L V L A E R E E
E B S O S T Z X L U R R I E J
N A R F G C G O O E R E S N S
O C Z U J A F R V C E T I G L
O K H O P S R E T N S S S I U
M I H K A N L D L A A A H N V
D N R I B A A L R D E W E E O
N T G M T R E O S E L A R E A
A O Y I L T D L W H P T E R L
N W O U W E E L D T A A U I H
U N M L H H H I L M P H P P S
S T H X D T T H X L R W O E Y
```

BACK IN TOWN
BUI DOI
CHRIS IS HERE
CHRISTOPHER
ELLEN
FALL OF SAIGON
GIGI
JOHN
KIM
PAPER DRAGONS

PLEASE
SUN AND MOON
TAM
THE DANCE
THE DEAL
THE ENGINEER
THE REVELATION
THE TRANSACTION
THUY
WHAT A WASTE

```
P  J  A  S  E  L  R  A  H  C  T  R  O  P  T
C  L  O  T  I  P  A  C  Y  T  I  C  E  H  T
D  A  Y  S  O  F  O  U  R  L  I  V  E  S  T
L  A  T  I  P  S  O  H  L  A  R  E  N  E  G
R  A  L  L  M  Y  C  H  I  L  D  R  E  N  S
O  S  N  O  I  S  S  A  P  G  N  I  V  O  L
W  T  H  E  S  E  C  R  E  T  S  T  O  R  M
R  E  I  L  O  V  E  O  F  L  I  F  E  F  A
E  O  N  E  L  I  F  E  T  O  L  I  V  E  L
H  S  G  S  A  N  T  A  B  A  R  B  A  R  A
T  S  N  O  I  T  A  R  E  N  E  G  E  E  S
O  L  R  G  T  J  Y  T  E  S  R  E  M  O  S
N  R  H  C  A  E  B  T  E  S  N  U  S  L  O
A  T  H  E  D  O  C  T  O  R  S  A  X  E  T
K  M  S  M  U  R  Y  A  N  S  H  O  P  E  B
```

ALL MY CHILDREN	PORT CHARLES
ANOTHER WORLD	RYAN'S HOPE
CAPITOL	SANTA BARBARA
DAYS OF OUR LIVES	SOMERSET
GENERAL HOSPITAL	SUNSET BEACH
GENERATIONS	TEXAS
LOVE OF LIFE	THE CITY
LOVING	THE DOCTORS
ONE LIFE TO LIVE	THE EDGE OF NIGHT
PASSIONS	THE SECRET STORM

```
S C J E C T S E R O F N I A R
A A I I T W L W B E A C H E S
R Z R S Q K I R L H I I V P U
Q A R T S A O C C I F I C A P
B L U E G L A C I E R S C W M
R U B F K O L U S E K E K A Y
A S Y F O A E A T H D X H S L
F N B E H R L U F A B V S H O
L I E S R O E E R C U G U I T
C N A U L L H S T P U R P N N
M E C X I I W R T T A D A G U
O P H U O A A V I S E X L T O
J Z Q E M S R R H V M Z W O M
M K N P O O L E T T E Z O N S
E P M O U N T A I N S R T X U
```

BEACHES

BLUE GLACIER

CEDAR SWAMP

ELK

FORESTS

GLACIERS

HOH RIVER

LA PUSH

MOUNT OLYMPUS

MOUNTAINS

OZETTE LAKE

OZETTE LOOP

PACIFIC COAST

PENINSULA

QUILEUTE RIVER

RAINFOREST

RUBY BEACH

SOL DUC FALLS

TRAILS

WASHINGTON

M	W	T	F	B	H	G	X	R	B	B	L	K	S	I
R	S	K	T	F	U	P	U	R	P	L	E	T	K	E
S	U	S	L	O	G	I	D	N	I	N	A	B	C	R
H	A	K	Z	J	C	T	F	A	I	S	H	C	U	F
P	T	P	S	O	E	I	T	M	S	U	U	I	K	A
J	R	L	R	O	R	T	R	E	P	P	O	C	U	M
B	K	R	K	W	L	A	I	P	L	R	U	B	Y	B
L	F	T	K	Q	C	T	Y	J	A	O	L	I	V	E
B	F	G	P	B	R	O	W	N	M	Q	I	L	U	R
R	T	S	G	W	X	G	G	Q	S	G	U	V	N	Y
O	R	P	B	L	U	E	R	E	D	L	I	A	N	F
P	D	G	L	R	P	T	E	A	J	U	G	X	H	Y
P	I	E	N	S	E	I	E	P	Y	Z	P	A	B	I
D	O	P	C	U	R	H	N	T	N	F	U	E	L	M
B	L	W	J	S	X	W	P	K	A	T	I	Q	Z	S

AMBER
APRICOT
AQUA
BLACK
BLUE
BROWN
CARMINE
COPPER
FUCHSIA
GRAY

GREEN
INDIGO
OLIVE
ORANGE
PINK
PURPLE
RED
RUBY
VIOLET
WHITE

```
S E D A I Q S C V L A S L K A
D R A V R A H A W A I I S U E
A R F S A I B M U L O C T U G
T S E P C R A X L F L H R N E
C P X A R O B I N S O N O C L
H M G H M R N H Q R K T T L L
R O J S Q O O B A M A C A R E
L A A A I N B S M A U W N P H
T P I S O M E Y S O Y K E B C
A A B L A P L E T E O R S W I
P B U L L H P A R I F I K W M
K L I U P S R T A R C O M E D
U A T D S C I T I L O P R O C
L E Y Y E J Z T L P P Y T P E
T R I O T N E D I S E R P L I
```

AUTHOR	MALIA
BIDEN	MICHELLE
CHICAGO	NOBEL PRIZE
COLUMBIA	OBAMACARE
DEMOCRAT	POLITICS
HARVARD	PRESIDENT
HAWAII	PROFESSOR
HONOLULU	ROBINSON
ILLINOIS	SASHA
LAWYER	SENATOR

```
E D U O U O C H S X F S O E R
W N Y C L N R H S N O W E B R
S A O D H C Z D U U S V A T S
W H L L U R R C Y N I J S A U
L L F S C O S R A M I S T C X
L G G W U Y L A A L W P L M G
I Z U G P E C C L I M A T E T
G F H U M I D I T Y N N U O C
H T O A D R A Z Z I L B V G N
T B A R O M E T E R F E O K N
N W A F E R E Z E E R B O W T
I I D W L C M S K C H P I M A
N A I Z T O A R A E L C B O F
G L P E N O O S N O M I E B B
S I W R I E T D T T C Z K W T
```

ACID RAIN	DROUGHT
BAROMETER	FLOOD
BLIZZARD	FORECAST
BREEZE	HUMIDITY
CALM	LIGHTNING
CELSIUS	MIST
CLEAR	MONSOON
CLIMATE	OVERCAST
CLOUDY	RAINBOW
CYCLONE	SNOW

36. Biology

```
E N A H D I G E S T I O N R R
A I R O P N N M E N O M R O H
V X T Q Y L M O V B D X Z I L
E U D I F F U S I O N T X E W
R A Z G T R G O S T C I A R D
O L P E F A A M S I A I P S U
Q L R N M R I O E B S T W F Q
R E O E D T D R C A E O U S O
K L T S O U B H E R A Y I M R
S E E S M L U C R T T F J E W
B X I U I O I B B E C S T N M
U S N R N S S Q R R G A D Z U
R U K I A G E I T Y H G B Y T
A A I V N I E S S T Y E S M K
A D A P T A T I O N T W K E I
```

ADAPTATION   GAMETE
ALLELE   GENE
ARTERY   HORMONE
AUXIN   MEIOSIS
BACTERIA   MITOSIS
CHROMOSOME   MUTATION
DIFFUSION   OSMOSIS
DIGESTION   PROTEIN
DOMINANT   RECESSIVE
ENZYME   VIRUS

```
T H T D I M E A I P D J S N L
U R L A D D A E H W O R R A T
R Z T L P M E M O R I A L G I
A K B E A V E R D L R L W I P
L Y V E T D Y A R U H E O H L
O L E G I O N F I E L D B C T
Y E I O L H N A S O G L N I T
R F H V A G E A R A W I O M D
K I A R E X D F T P N I T N T
O E E P Y D T N I R M F T M C
T L E B K A N U A L A A O K D
A D M X S T A U C L T P C R B
I C O W B O Y S S J Y E S H D
V I P N O T R E D A M E M A B
E Y R O S E B O W L Q A N P M
```

ARROWHEAD	METLIFE
BEAVER	MICHIGAN
BRYANT-DENNY	NEYLAND
CAMP RANDALL	NOTRE DAME
COTTON BOWL	OHIO
COWBOYS	ROSE BOWL
JORDAN-HARE	SANFORD
KYLE FIELD	SPARTAN
LEGION FIELD	SUN DEVIL
MEMORIAL	TIGER

38. Great Basin

```
N A C O N I F E R S L A M U V
E Z O W R P C E N K N U K S N
R A Y Z S I M A L I S H R E W
T U O R T N K I S G P R W M T
Q W T S S E V A C N A M H E L
B D E T R S B A J E R E E L X
A G S A B T T D E E R J E C E
D Z N X A T R E A B O V L H T
G G S E Z R C M L D W W E I T
E X R J Y F S T O L A H R P J
R G B A L N W W P U A V P M I
S T S E R O F M P W A L E U R
R T Z S L Q A I K S V K A N S
H W C O L Q I J M E T E K K P
R V R U N Z I H O R T W T S E
```

BADGERS

CHIPMUNKS

CONIFERS

COYOTES

DEER

EAGLE

FORESTS

GREAT BASIN

HAWK

LEHMAN CAVES

MICE

NEVADA

PINES

SHREW

SKUNK

SNAKE RANGE

SPARROW

STELLA LAKE

TROUT

WHEELER PEAK

```
W Q E Y M X A T S V K T T T I
G O T S K U D R I H Q E M J Z
X R K R O P S A L R A K I K E
Y A A R A I R I B P O P A R T
L R B F O T L A C R Y L I C X
L I L S F Y E S H I S T O R Y
U S F O T I W E T M A U R Y Z
K E C U N R T E R I B N Y R L
S P R A Y P A I N T C O S E H
E P I B L A O C A I S K T C A
T O T R K R P S T V A U E U I
S E I M O T O H C I D G Z D T
L T Q P O I O S U S O I U O I
S R U B R S O D E T S N D R A
S Y E Y B T M R E T N I A P N
```

ABSTRACTION	NEW YORK
ACRYLIC	OIL STICK
ARTIST	PAINTER
BROOKLYN	POETRY
CRITIQUE	POP ART
DICHOTOMIES	PRIMITIVIST
GRAFFITI	PRODUCER
HAITIAN	SKULL
HISTORY	SPRAY PAINT
MUSICIAN	STREET ART

40. Woody Allen

```
T W H A N N I E H A L L Z L A
T W W T N I O P H C T A M L S
Y A H B A Y S U P G L R I K Z
U T N A L E T I P O O C S R R
P I I O T U D H S F E S L R R
Y N S R T E E D I D T Z Z E E
B R R R B H V J N N B U Y P B
D T O E A E E E A A G R M E M
D I I T T D L R R S E E R E E
S T R A C I I E W W M V L L T
R L E E A A R O C O O I O S P
R S T L C S Z W D D M R N L E
E O N A T T A H N A M A K E S
E G I L E Z O U A H Y R N S Z
C T S T Y Y O R I S P S N G H
```

ACTOR
ALICE
ANNIE HALL
ANOTHER WOMAN
ANYTHING ELSE
BLUE JASMINE
CELEBRITY
DIRECTOR
INTERIORS
LOVE AND DEATH

MANHATTAN
MATCH POINT
RADIO DAYS
SCOOP
SEPTEMBER
SHADOWS AND FOG
SLEEPER
WHATEVER WORKS
WRITER
ZELIG

```
A N E L E H W B S E X T U G D
M A D E L E O O R U P R U S A
Y T L D N K T L A G V J E I C
Y A K D M A M O L B O T P A B
O L Y B A B A C C Y S J Q I A
N I I T F N R X Y O Z T S Y I
D E W M N A R O P N G E C C A
T M T O E Y T H A R A S J B X
L M D S O A L O C I N I Q S E
R A H T R P M T E F G T P W Q
S K I A B I G A I L D A W K A
E R A Y J K K O C A T O W F A
C A R L I E N G U T C D I T Z
W I I O K A T E M S R A S W A
O M A R Y R O C P I I Y O X A
```

ABIGAIL	HOLLY
ADELE	KATE
AMY	KIRSTEN
CAITLYN	MARY
CARLIE	NAOMI
DONNA	NATALIE
EMILY	NICOLA
EMMA	SARAH
FIONA	TAYLOR
HELENA	WENDY

```
O S L W Q R U E W O W V U S S
P I E W P Y T I T A C G N J A
G A L S I P N R L L H A W W U
S R A I T L Y E S B E N O I F
P I N W T S L K H O S O T L P
R H C M S T B I K G T O N K T
S A A R B C A E A T E T E E C
P Z S R U G R S T M R L L S R
U L T K R O Y A N H S A L B E
U E E A G I T M N O L P A A D
Q T R S H S S E S T T E O R A
U O E N O N A B E L O S H R A
G N I D A E R S U I X N A E T
U C A Z P A R K E R E C R E M
I B L O O M S B U R G T Y A D
```

ALLEGHENY	LANCASTER
ALLENTOWN	LEBANON
ALTOONA	MERCER
BETHLEHEM	PARKER
BLOOMSBURG	PITTSBURGH
CHESTER	READING
EASTON	SCRANTON
ERIE	WILKES-BARRE
HARRISBURG	WILLIAMSPORT
HAZLETON	YORK

```
R H R L D R R P P I R L A A J
S J A E O J T A C O B E L L J
N R S R L L S S T R I F U U C
G E A S D P I R L U A A A M B
R T E S E R O V E A T C I F U
E S I U E R O L E K T T M Q R
L B S P Q A P C L G C S S J G
Z O Y V A Y C X K O A E Y I E
Z L N D E T R E E C L R H R R
I D N J E A I I L A A O D C K
S E E B E L P P A T D F C E I
R R D L J T T X B D T N E O N
Y O I S Y B R A X U X I A O G
P I Z Z A H U T C L A A L P U
Q I B W Q U I Z N O S R R W L
```

APPLEBEE'S
ARBY'S
BURGER KING
CHECKERS
DAIRY QUEEN
DEL TACO
DENNY'S
EL POLLO LOCO
HARD ROCK CAFE
KRYSTAL

LITTLE CAESARS
OLIVE GARDEN
PANDA EXPRESS
PITA PIT
PIZZA HUT
QUIZNOS
RAINFOREST CAFE
RED LOBSTER
SIZZLER
TACO BELL

44. Cartoon Characters

```
P Y X Y G Z Y Q K A I N U T A
T O P C A T O U K P A O C E T
O P H T R I G K C K N W X T X
O O O P F M M D U C E V W C F
J P T P I O I R D U G A M W T
I O M U E N C O Y D O R E A D
S O O L L Y K O F D E A D S E
P B A D D P E P F L G O R Y V
D Y O A Y U Y Y A A O P G S Z
S T D R B B M G D N A P F R M
L T A O A M O B V O T V R D I
Q E R W O O U O O D G H O S E
Z B I A F W S P C H O M E R R
N Z A Y B K E I X S K I R R V
B U G S B U N N Y P J O H D D
```

BART	HOMER
BETTY BOOP	MICKEY MOUSE
BUGS BUNNY	PINK PANTHER
DAFFY DUCK	PLUTO
DARIA	POPEYE
DONALD DUCK	PUMBAA
DROOPY	SCOOBY-DOO
DUMBO	TIMON
GARFIELD	TOP CAT
GOOFY	WOODY

```
I  T  A  Q  C  L  C  O  T  Q  J  Z  X  A  I
U  A  E  G  E  A  N  L  C  A  X  H  G  H  J
Z  Y  L  X  P  G  L  S  J  I  B  I  C  O  E
N  J  T  N  X  N  Y  H  P  S  C  M  L  X  P
U  S  I  A  M  E  S  E  N  I  L  A  B  U  W
J  O  N  M  S  B  P  E  I  V  B  L  T  E  T
K  K  N  P  E  N  O  E  R  Q  A  A  R  R  S
A  O  S  U  N  Y  O  J  R  I  M  Y  Q  T  I
P  K  R  Y  T  E  E  W  V  S  B  A  A  R  L
N  E  G  A  T  A  B  Y  S  S  I  N  I  A  N
H  M  Q  K  T  O  S  E  T  H  N  A  R  H  O
A  T  C  Y  M  R  I  C  L  M  O  I  N  C  G
T  B  E  B  S  Z  P  X  O  U  T  E  J  P  A
T  B  A  M  U  N  C  H  K  I  N  Z  Z  F  R
U  Y  E  I  L  R  Y  L  R  W  T  G  R  E  D
```

ABYSSINIAN
AEGEAN
BALINESE
BAMBINO
BENGAL
BOMBAY
CHARTREUX
CYMRIC
DRAGON LI
HIMALAYAN

KORAT
MANX
MUNCHKIN
NEBELUNG
OCICAT
PERSIAN
SIAMESE
SNOWSHOE
SOKOKE
SPHYNX

```
H  O  R  R  S  A  K  O  A  K  E  Y  S  E  R
U  T  K  G  O  O  Q  R  I  E  Z  H  O  B  I
G  Y  N  O  T  R  I  E  W  Z  S  H  A  X  P
N  R  N  O  T  S  E  W  D  E  Y  O  R  K  L
S  M  U  H  M  N  W  Y  O  E  L  A  X  F  E
G  O  F  B  U  R  O  P  B  E  C  K  L  E  Y
G  R  U  B  S  N  I  T  R  A  M  H  I  A  F
N  G  U  Q  Y  R  T  A  S  L  C  I  A  N  R
I  A  C  B  D  L  E  I  F  E  U  L  B  N  S
L  N  N  V  S  L  N  K  N  T  L  L  A  E  A
E  T  O  O  V  K  V  I  R  G  N  R  P  I  A
E  O  T  O  Y  D  R  L  Q  A  T  E  A  V  Y
H  W  N  O  S  I  D  A  M  J  P  O  S  H  V
W  N  I  F  S  N  A  B  L  A  T  S  N  O  C
I  D  H  A  F  S  M  Q  D  C  R  V  A  L  A
```

BECKLEY

BLUEFIELD

CHARLESTON

CLARKSBURG

ELKINS

FAIRMONT

HINTON

HUNTINGTON

KEYSER

MADISON

MARTINSBURG

MORGANTOWN

OAK HILL

PARKERSBURG

RIPLEY

ST ALBANS

VIENNA

WEIRTON

WESTON

WHEELING

```
R T F I H Y E E G F E B G E E
B K A N E L E H O T E W A D K
R T U S O B B V H A T U I R T
P S D L O N Y E R O H T U A M
C O E L D O R A D O O C N O N
X T V E X A T M E R B N R O X
H E H B V W A P C I A E P L A
T M K E A J M S O B L W A T E
B U N H G D E R E L T A R T R
G L R T Y O R L A J I Z L J O
F A A R A A L A Q D M T A U N
I L S J R E A D D Y O E I W E
L U J U E F N W B C R O I A L
L E F L I G E I A U E P Z T N
O S F Z H O P F R O G R S G E
```

AL AARAAF

ANNABEL LEE

AUTHOR

BALTIMORE

EDITOR

ELDORADO

EULALIE

HOP-FROG

LENORE

LIGEIA

MORELLA

POET

POLITIAN

REYNOLDS

TAMERLANE

THE BELLS

THE GOLD-BUG

THE RAVEN

TO HELEN

ULALUME

48. Pokémon

```
F  T  E  X  Y  T  B  U  P  A  A  K  O  I  I
P  G  B  T  S  O  I  H  G  S  O  R  X  R  Z
A  Y  H  U  W  P  T  C  A  I  A  F  H  S  A
Y  E  W  H  Z  T  P  A  E  E  V  L  X  A  F
Q  S  E  S  A  S  A  K  S  F  R  O  L  H  N
L  N  A  I  Y  M  A  I  P  E  G  O  T  I  H
E  A  Z  D  Q  N  O  P  L  O  A  M  N  A  Y
L  H  U  D  S  T  B  E  N  L  I  L  E  E  P
E  C  R  O  S  R  G  O  P  H  O  V  E  E  O
K  L  I  A  L  L  O  N  S  O  U  W  N  O  H
I  D  L  N  O  D  Y  H  R  J  I  A  W  T  C
D  B  L  O  W  T  W  E  M  E  C  J  G  O  A
K  T  M  S  B  P  A  U  S  J  Y  K  Y  I  M
D  U  W  T  R  F  P  E  H  N  S  C  Z  U  S
H  C  S  N  O  R  L  A  X  U  R  C  J  U  T
```

AZURILL	ODDISH
BLASTOISE	PIKACHU
CHANSEY	PSYDUCK
EKANS	RHYDON
ELEKID	SEALEO
GLOOM	SLOWBRO
JYNX	SNORLAX
LILEEP	TAILLOW
MACHOP	TOGEPI
MEWTWO	YANMA

```
A S G D H A D S A G P M H N K
R U R R T R D Y R A E P R T A
A O L A F U E F T R P O E E D
B T N V N Z C R C R Q X R X A
R T S R J K I I E Y A L E G R
A O T A E O S S T S R Q C H E
B X A H T V I A R C W H W H P
I Z X A F D O A P T E R A M U
O W C F E L N G A N L N N S B
R T U N R G P S E L C D N I L
G L T R E T O Y Y J H A E O I
M O S R J T I F L U A L J A C
Y G S H J X N A R U A L S T A
N C O F E R T N E W H A V E N
L T L T B U S I N E S S M A N
```

BARBARA
BUSINESSMAN
CHENEY
CONNECTICUT
DALLAS
DECISION POINTS
GEORGE
GOVERNOR
HARVARD
JEB

JENNA
LAURA
NEW HAVEN
PATRIOT ACT
PRESIDENT
REPUBLICAN
TAX CUTS
TEXAS RANGERS
WELCH
YALE

50. American Samoa

```
R  I  H  G  B  V  C  D  E  U  V  U  H  K  A
T  A  S  A  M  O  A  N  A  L  A  Q  T  G  F
H  S  U  L  L  O  T  A  E  S  O  R  O  T  Z
P  O  B  N  A  U  U  L  U  L  I  A  V  N  J
A  C  G  T  A  N  A  S  R  O  B  R  A  H  K
A  U  O  A  Z  F  D  I  N  R  D  I  L  H  Q
K  W  N  A  P  X  A  S  R  M  Z  U  I  N  Q
I  V  A  U  S  O  G  N  I  P  A  H  U  P  O
Z  O  C  E  U  T  G  I  A  F  O  N  T  F  A
S  L  L  O  T  A  L  A  R  O  C  R  U  M  Y
R  V  O  O  Q  B  P  W  P  A  B  E  T  A  V
A  T  V  T  S  X  C  S  J  E  F  Y  A  S  J
Z  I  C  Y  B  E  A  C  H  E  S  U  U  U  I
W  I  P  R  G  V  G  A  P  N  I  I  I  S  O
G  Y  O  K  J  C  V  A  N  U  F  A  T  R  R
```

AIRPORTS	OLOSEGA
AUNU'U	PAGO PAGO
BEACHES	ROSE ATOLL
COAST	SAMOAN
CORAL ATOLLS	SWAINS ISLAND
HARBORS	TAFUNA
ISLANDS	TAU
MANU'A	TUTUILA
NAFANUA	VAILULU'U
OFU	VOLCANO

```
V E L B Z I P P Z E D M O N D
N T L P L Y N O T G P K H M G
E A W L C A V A N A L H I L L
E T O P I R C M M A B D G C A
G W U S O V P K H R W I H X W
O V E L N E S O M E O A P C T
K R L T S I M E S E R N L F O
S P R I L A A T L R S I A A N
U X A W C A C L Z T D A I R O
M E D I C I N E P A R K N Z S
O Q T U T N O D B T R A S T I
O Y P Y D I N E S E A V B U B
R A L S T I L L W A T E R S V
E H U W O R R A N E K O R B T
M B H Q A P H R U O S R M G U
```

BARTLESVILLE

BISON

BLACK MESA

BROKEN ARROW

CAVANAL HILL

EDMOND

ENID

GREAT PLAINS

HIGH PLAINS

IDABEL

LAWTON

MEDICINE PARK

MIDWEST CITY

MOORE

MUSKOGEE

NORMAN

OKLAHOMA CITY

STILLWATER

TULSA

WETLANDS

52. New Hampshire

```
E N E E K B P X D C G F J M U
D W O E E L C N E H E P R S M
V O R N Y L S T Y E S F A N T
S T V Y A U H S A N J R M K E
S S N E R B B N W D T P P X U
P F Q O R R E B N N S O H R L
R F A U S R E L O A A R N T O
W O E R A D O D C L O T B T U
U G R M F M U C J G C S A E T
A I N O C A L H H N A M N S H
B E R L I N Q A O E E O P W B
O D R O C N O C K W S U T A P
N R U J M A N C H E S T E R A
R A C L A R E M O N T H E M I
S I V T H B G N I L K N A R F
```

BEDFORD
BERLIN
CLAREMONT
CONCORD
CONWAY
DERRY
DOVER
FRANKLIN
GOFFSTOWN
HUDSON

KEENE
LACONIA
LEBANON
MANCHESTER
NASHUA
NEW ENGLAND
PORTSMOUTH
ROCHESTER
SEACOAST
SQUAM LAKE

```
X X L S A S H F U E N T N O P
R V E S S A N R A P T N O M C
L M S I Y T S B M O C A T A C
Y R H A P A R C D E B E R C Y
V L A R G L E A R O A O E P F
R R L A Z D T N S L O I D U A
W I L M G Y R E N E H F A W S
S V E E L Q A O L O D A M K H
F E S L S T U C N L B T E P I
N R O O S T Q E A U I R N P O
W S Y U Y R N S U P D T O O N
E E P V T U I L E R I E S S P
V I F R W Z T I Y X J T R A O
Y N V E R S A I L L E S A A B
O E I F F E L T O W E R I L G
```

BASTILLE

CAPITAL

CATACOMBS

EIFFEL TOWER

FASHION

FOOD

GARE DU NORD

LATIN QUARTER

LE MARAIS

LES HALLES

LOUVRE

MONTPARNASSE

NOTRE DAME

PARC DE BERCY

PONT DES ARTS

PONT NEUF

RIVER SEINE

SORBONNE

TUILERIES

VERSAILLES

```
Z S G L C I F S W W T L N R A
D J G I Q C Y H B R Q T R H F
F I R Z A D I P I T D S D H K
F R I L T Q S F G F D Z A U R
E T W R A I W A L F I A S R P
T R N V U H D U S O P W O W Y
J A W V C P P R D I S T P B Y
F N E I V I O H N B O L P T S
G A K I S Y V C P R L S T D R
M E H A R E V I V E R E T A U
O R A A Y A A L C F N X V D M
M I N I M A D A M E O E Y E U
C E N O O N K A T R K S P E L
S T A T S X U O R S X A O D X
E T H S P R C N P K A T U R E
```

CIVIC	NOON
DAD	NUN
DEED	RADAR
EYE	REFER
HANNAH	REVIVER
KAYAK	ROTOR
LEVEL	SEXES
MADAM	STATS
MINIM	TENET
MOM	WOW

55. Indiana

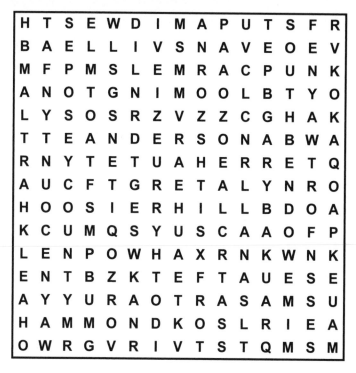

```
H T S E W D I M A P U T S F R
B A E L L I V S N A V E O E V
M F P M S L E M R A C P U N K
A N O T G N I M O O L B T Y O
L Y S O S R Z V Z Z C G H A K
T T E A N D E R S O N A B W A
R N Y T E T U A H E R R E T Q
A U C F T G R E T A L Y N R O
H O O S I E R H I L L B D O A
K C U M Q S Y U S C A A O F P
L E N P O W H A X R N K W N K
E N T B Z K T E F T A U E S E
A Y Y U R A O T R A S A M S U
H A M M O N D K O S L R I E A
O W R G V R I V T S T Q M S M
```

ANDERSON

BLOOMINGTON

CARMEL

ELKHART

EVANSVILLE

FISHERS

FORT WAYNE

GARY

GREAT LAKES

HAMMOND

HOOSIER HILL

KOKOMO

LAFAYETTE

MIDWEST

MUNCIE

NOBLESVILLE

POSEY COUNTY

SOUTH BEND

TERRE HAUTE

WAYNE COUNTY

56. Richard Nixon

```
I R E S I G N E D X I I F F I
X H G C N S F L I L S T S D F
P S E N A T O R L L E T B W U
C A L I F O R N I A U A R E M
B P L A S A D P J D D J U N T
M O O N L A N D I N G N H G L
A I C I R T R A M N F U A A B
Y O R B A L I N D A A J W C E
D R E P U B L I C A N Y P J S
U R I R R P O L O L E T R T Q
H Y T N E D I S E R P U E U A
W A T E R G A T E L I T A I G
Y T I S R E V I N U E K U D V
R O H T U A I S S T E P O O G
O P W Q A H R P R R T R R A T
```

AGNEW
AUTHOR
CALIFORNIA
DUKE UNIVERSITY
FORD
JULIE
LAWYER
MOON LANDING
PRESIDENT
QUAKER

REPUBLICAN
RESIGNED
RYAN
SCANDAL
SENATOR
TRICIA
VIETNAM
WATERGATE
WHITTIER COLLEGE
YORBA LINDA

```
I E R E G R A L N E R Z D E N
K I M T V F S J N A H J X R Z
R A F S M I I N O I S L U M E
D T N T V A T L L T A A R X C
B C H U O R C A M R L J P O O
E I A D P A Q E G T F O K H N
X C H I F R A L A E S E V D T
D M F O R E G R O U N D A Z R
E O C O E M V E R U T R E P A
N U Z P T A L E I U K U B A S
S R Q H T C J Z N R E X I F T
Z X Q G U F Z P O L E V E D E
O H T U H J D O P I R T Q L P
M L E N S W M Z O Z D F Z Z S
R E W I Y H T B K M W S E P P
```

APERTURE	FLASH
CAMERA	FOCUS
CONTRAST	FOREGROUND
DARKROOM	LENS
DEVELOP	MACRO
EMULSION	NEGATIVE
ENLARGER	SHUTTER
EXPOSURE	STUDIO
FILM	TRIPOD
FIXER	ZOOM

58. Love Songs

```
R U E C E C N A D T S A L O A
T E S M N R S R W O U T E T L
S F H P N N W J X P G B E A I
I H L T E O T O O A A U U E S
R L I W E G N N L B R O O G O
I B L N L G T A U M S Y Y E N
N A E B I H O O E T U R E O G
M B D L E N Y T A L G O M V B
Y Y A R N T G Y Y S A F A T I
L L O I O Z H S V P R Y C S R
I O G G E Z T E T H P Z N H D
F V I Y M H C W R A R A E E P
E E J M O Z Z Y Z E R R H R G
I H M I C H E L L E P C T R E
A A D L O G F O T R A E H Y U
```

ALISON

BABY LOVE

COME ON EILEEN

CRAZY FOR YOU

HAPPY TOGETHER

HEART OF GOLD

I GOT YOU BABE

I'LL BE THERE

IN MY LIFE

LAST DANCE

LEAN ON ME

MICHELLE

MY GIRL

SHERRY

SHINING STAR

SONGBIRD

STAY

SUGAR SUGAR

THEN CAME YOU

UP ON THE ROOF

```
U N P D R L K Q A A R A L Y I
D S I I C N R Z F R R E W T S
U K Y P A T D H R X R K Q R C
O A U T F T Y M C C I D R D S
S T B A C D P B U P T C L C E
T Y D I J X S N I I B J I M O
R E K N U B P A C R E R E U I
O G R E E N C M I R X G G S I
K O F T V E S I R A D T R T A
E B A E C I L S V S R S O A T
I S I E O P R O Y S Q T T U M
D E R B N A I D H Y Z B W N V
D Z W U D R Y R R N X S F M T
A P A D O O W F W N F S B Z Z
C K Y N R C L U B L R U S S Z
```

ACE	GREEN
BOGEY	HOLE
BUNKER	IRON
CADDIE	PAR
CLUB	PIN
CONDOR	PUTT
COURSE	SLICE
DRIVE	STROKE
FADE	TEE
FAIRWAY	WOOD

60. Steven Spielberg

```
U  S  W  A  J  P  W  A  R  H  O  R  S  E  E
L  Y  C  G  O  I  Z  I  W  R  I  T  E  R  L
T  A  S  H  D  G  L  Q  S  D  T  T  N  H  P
H  W  N  O  I  I  T  O  F  B  H  T  O  D  R
E  L  C  I  M  N  R  G  S  G  S  O  J  A  U
L  A  E  B  M  E  D  E  I  P  K  Y  A  T  P
O  L  O  U  O  R  T  L  C  Q  X  D  N  S  R
S  F  M  S  D  E  E  H  E  T  S  U  A  I  O
T  R  O  P  E  R  Y  T  I  R  O  N  I  M  L
W  M  U  N  I  C  H  Y  E  N  S  R  D  A  O
O  T  T  F  U  O  L  M  V  H  G  L  N  K  C
R  E  C  U  D  O  R  P  L  X  T  E  I  Y  E
L  Y  R  E  S  S  T  E  T  U  A  V  S  H
D  J  U  R  A  S  S  I  C  P  A  R  K  I  T
L  R  V  I  S  E  A  D  N  L  O  C  N  I  L
```

ALWAYS	MINORITY REPORT
AMISTAD	MUNICH
DIRECTOR	PRODUCER
DUEL	SCHINDLER'S LIST
FIRELIGHT	SOMETHING EVIL
HOOK	THE COLOR PURPLE
INDIANA JONES	THE LOST WORLD
JAWS	THE TERMINAL
JURASSIC PARK	WAR HORSE
LINCOLN	WRITER

```
U  S  A  W  G  N  I  P  M  U  J  B  L  V  J
I  I  H  C  O  M  B  C  L  A  W  E  D  P  S
P  O  B  R  O  W  N  W  I  D  O  W  S  Q  S
W  R  D  B  A  H  X  B  O  L  L  Y  J  P  A
R  B  L  A  C  K  W  I  D  O  W  R  Z  U  R
K  W  B  N  R  U  X  N  Y  L  N  E  E  R  G
S  E  O  D  P  K  S  R  S  M  B  S  G  H  F
T  A  L  E  N  N  F  P  T  R  O  R  G  U  L
A  V  D  D  O  H  J  I  A  A  E  U  N  N  O
R  E  J  G  S  Q  O  J  S  E  S  N  M  T  W
P  R  U  A  R  I  U  B  N  H  E  N  N  S  F
Q  Y  M  R  A  M  R  C  O  L  I  I  M  M  G
T  U  P  D  P  F  R  U  W  U  H  N  A  A  G
A  H  E  E  P  A  S  E  A  U  O  G  G  N  T
W  A  R  N  B  E  B  J  S  K  M  Q  I  W  D
```

BANDED GARDEN
BLACK WIDOW
BOLD JUMPER
BROWN WIDOW
COMB-CLAWED
DARK FISHING
FUNNEL-WEB
GRASS
GREEN CRAB
GREEN LYNX

HOBO
HOUSE
HUNTSMAN
JUMPING
NURSERY WEB
ORB WEAVER
PARSON
RUNNING
WOLF
ZEBRA JUMPER

62. The Real World

```
W Q T L O S A N G E L E S H D
V M T N E J T D A A T S X T U
N T T E P G O O L S T P S N X
E I I I G T H K L M E E S T I
S M J R M T A A E A R I C J Y
I N F B W R W G T E R S N K A
U O W R R Z A S A N A C Y T C
B I B A P T I L N R B L Z H H
S O Z N E O I E N A D T U Y A
T E S D X T W Q A B W N E S K
P I A T Y Y M E C A G I E I R
C S C T O M T B L N A M O R I
D R V R T N P A M L I A S A F
L Z K S N L O N D O N I I P R
R S F T L Q E A O Z R M P L O
```

BARRETT
BOSTON
BRANDT
BRIEN
CANNATELLA
CHUNG
GARDNER
HAWAII
LONDON
LOS ANGELES

MIAMI
NEW YORK
NIES
PARIS
POWELL
REALITY TV
ROMAN
SEATTLE
STOLARCZYK
TECK

63. Antarctica

```
U U S U Q S K S L H U R V F S
I X B M A W S O N F B L N B G
V L N D U F E K R R N M U Y S
R S E E J D B D F P O P N R L
Y C N C C P F U D A T N A D Q
N O D I E U T E A E E I T N O
M T U A U U R M O R L O A A Y
C T R E Q G U B Y A K L K L S
Q F A S F N N R D R C R S S B
R U N U D S R E I C A L G E D
O Q C S I V A D P R H L I K A
S H E L O P H T U O S M L L N
S N W V K N F L E H S E C I A
T P W A I O G W L H U J Z W H
T R A L F B T H Y V Z B Q X B
```

AMUNDSEN
BRUCE
BYRD
DAVIS
DUFEK
ENDURANCE
FUCHS
GLACIERS
HILLARY
ICE SHELF

MAWSON
NUNATAKS
PENGUINS
ROSS
SCOTT
SEA ICE
SHACKLETON
SOUTH POLE
WEDDELL SEA
WILKES LAND

64. Rihanna

```
W H T C I T E G O L O P A N U
U E O U T S P M N K M G A T N
E A R D C B R E A K I T O F F
R D Y I U R E S K R Y W R L A
R R R P D O T C L D A E W Y I
L U M B R E L L A I L F U O T
C D O Y A O I O T S P O Z O H
T E W M H K E Y T T E U R P F
M B O O E P O A A U R N R S U
A O A M B U U T H R E D I A L
N Y E H R A D S T B D L L P R
D P F T E Z E R K I N O E P T
O W U E I R E K L A O V I X A
W R A T E D R A A M P E H K Y
N X Q L O C C X T T X T R T T
```

A GIRL LIKE ME
BREAK IT OFF
DISTURBIA
HARD
LOUD
MAN DOWN
PON DE REPLAY
RATED R
REHAB
RUDE BOY

STAY
TAKE A BOW
TALK THAT TALK
TE AMO
UMBRELLA
UNAPOLOGETIC
UNFAITHFUL
WAIT YOUR TURN
WE FOUND LOVE
WE RIDE

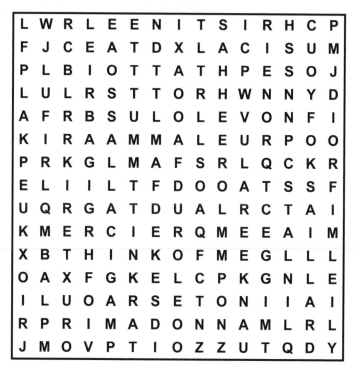

L	W	R	L	E	E	N	I	T	S	I	R	H	C	P
F	J	C	E	A	T	D	X	L	A	C	I	S	U	M
P	L	B	I	O	T	T	A	T	H	P	E	S	O	J
L	U	L	R	S	T	T	O	R	H	W	N	N	Y	D
A	F	R	B	S	U	L	O	L	E	V	O	N	F	I
K	I	R	A	A	M	M	A	L	E	U	R	P	O	O
P	R	K	G	L	M	A	F	S	R	L	Q	C	K	R
E	L	I	I	L	T	F	D	O	O	A	T	S	S	F
U	Q	R	G	A	T	D	U	A	L	R	C	T	A	I
K	M	E	R	C	I	E	R	Q	M	E	E	A	I	M
X	B	T	H	I	N	K	O	F	M	E	G	L	L	L
O	A	X	F	G	K	E	L	C	P	K	G	N	L	E
I	L	U	O	A	R	S	E	T	O	N	I	I	A	I
R	P	R	I	M	A	D	O	N	N	A	M	L	R	L
J	M	O	V	P	T	I	O	Z	Z	U	T	Q	D	Y

ALL I ASK OF YOU
ANGEL OF MUSIC
CHRISTINE
ERIK
GABRIEL
JOSEPH
LA CARLOTTA
LA SORELLI
LITTLE LOTTE
MADAME GIRY

MAGICAL LASSO
MASQUERADE
MERCIER
MIFROID
MUSICAL
NOTES
NOVEL
PRIMA DONNA
RAOUL
THINK OF ME

66. Basketball Teams

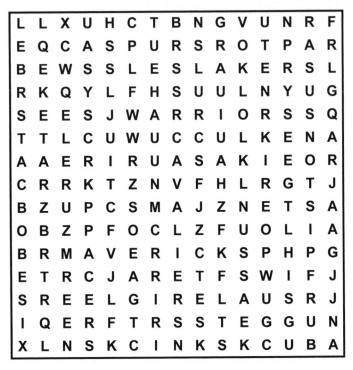

```
L L X U H C T B N G V U N R F
E Q C A S P U R S R O T P A R
B E W S S L E S L A K E R S L
R K Q Y L F H S U U L N Y U G
S E E S J W A R R I O R S S Q
T T L C U W U C C U L K E N A
A A E R I R U A S A K I E O R
C R R K T Z N V F H L R G T J
B Z U P C S M A J Z N E T S A
O B Z P F O C L Z F U O L I A
B R M A V E R I C K S P H P G
E T R C J A R E T F S W I F J
S R E E L G I R E L A U S R J
I Q E R F T R S S T E G G U N
X L N S K C I N K S K C U B A
```

BOBCATS	MAVERICKS
BUCKS	NETS
BULLS	NUGGETS
CAVALIERS	PACERS
CELTICS	PELICANS
GRIZZLIES	PISTONS
HAWKS	RAPTORS
JAZZ	ROCKETS
KNICKS	SPURS
LAKERS	WARRIORS

```
P T S D N A L N O Y N A C P Q
P R N A N P E E W N E V O H N
O D O E B A R C H E S X W I T
J S Y V P R D D G F U Y O I I
O C N P O H I R U A I E C T C
L D A S K E I G O G O E D E E
U A C P T A D R H J D M P I D
B E E H I V E S T A T E B I A
J H C W P T A P R X M S K L R
W N Y A M N O B S M I C E Z C
X A R T D E R L H G R O I W I
T I B Y O E R P R K N O O T T
A R O L A Y T O N E N I P H Y
X B E K A L R E I V E S K S H
R U S H L A K E S K G F F L S
```

ARCHES

BEEHIVE STATE

BRIAN HEAD

BRIGHAM CITY

BRYCE CANYON

CANYONLANDS

CAPITOL REEF

CEDAR BREAKS

CEDAR CITY

HOVENWEEP

KINGS PEAK

LAYTON

NEPHI

OREM

PROVO

RUSH LAKE

SANDY

SEVIER LAKE

WEST JORDAN

ZION

```
B L U R R E D L I N E S U P E
P Y P R E T O O H S A E M A D
U F B G D L O V E H A T E S L
D T C A N U B E L I E V E S R
E F U I B K C A B Y A L S O O
I X A O G Y P F E R P P L N W
T K H L H A M T X J H L S G M
L P J A L T M E T A A I P W A
L S G L L A I R R C N E E R E
A R U E G E G W O U T S T I R
W Q S Z O U W A T C O L S T D
T T E I P S S R I S M Y E E F
I E V O M T X E N N O I D R M
V O K D A T H I S I S L I K E
Z E S W S R E R E G N I S W R
```

ALL TIED UP
BLURRED LINES
CAN U BELIEVE
DREAMWORLD
EXHALE
FALL AGAIN
LAY BACK
LOST WITHOUT U
LOVE AFTER WAR
LOVE-HATE

MAGIC
NEXT MOVE
PHANTOM
ROLLACOASTA
SHOOTER
SIDE STEP
SINGER
SONGWRITER
THIS IS LIKE
YOU'RE MY BABY

```
E N A L R S K Y F A L L T A F
D O S S E I T A A L I E N S A
X I T R N T R P T E O E U A T
A V A Y E I H O A W P T B Z J
O I R R I M G A N U T S V M A
T L T U E T R E L M R F L K P
R B R F L H R O B W A O H P Q
D O E F Z E T B F N E N E F X
W R K O N M E M U S A A U V S
F N A T T A Q A A K N M P Q U
Q E T H E T E R M I N A T O R
L K F G E R U A V A T A R A N
P A C I F I C R I M N E R T B
R T U L V X D R F F D L M C R
Z E S F Y D H K N A C R A L Y
```

ALIENS
AVATAR
BATMAN BEGINS
CRANK
DIE HARD
FLIGHT OF FURY
IRON MAN
LETHAL WEAPON
MAN OF STEEL
OBLIVION

PACIFIC RIM
RAMBO
RED
SKYFALL
STAR TREK
TAKEN
THE MATRIX
THE RAID
THE TERMINATOR
TRANSFORMERS

70. Grand Teton

```
S E N N T E T O N V A L L E Y
L P O O X B O W B E N D R T W
L M Y Y Y T J Y A E O G E T E
A K N N J N R M L O K N V U B
F L A A E A A O R W R I I B B
N E C C N W C C U S A M R L C
E I N H N F O K E T P O E I A
D G A T Y R J T S D L Y K A N
D H R A L J Q C N O A W A T Y
I L O E A C T H Y U N C N K O
H A M D K M E H L P O H S C N
E K A L E O L F E C I M O A G
S E L E G N A R N O T E T L C
D R M O U N T M O R A N A B E
E I B R J A C K S O N L A K E
```

BLACKTAIL BUTTE
CASCADE CANYON
DEATH CANYON
HIDDEN FALLS
ICEFLOE LAKE
JACKSON HOLE
JACKSON LAKE
JENNY LAKE
LEIGH LAKE
MORAN CANYON

MOUNT MORAN
MOUNT OWEN
NATIONAL PARK
OXBOW BEND
SNAKE RIVER
TETON RANGE
TETON VALLEY
TROUT
WEBB CANYON
WYOMING

```
C F O S M I T H S O N I A N A
K E D Y T I C L S T W T R H E
S R N R E A T A E P H T E E E
S L A T K P H T R S I S V A L
A O L P R R O I G M T A I L L
N G S A A U T P N U E O R Y I
W A I T M I O A O E H C C H H
O N A N N L T C C S O T A A L
T C I E R E A S E U U S M L O
E I B D E T M N O M S A O L T
G R M I T U X U O C E E T T I
R C U S S Q E F N I A R O R P
O L L E A D D D W O T N P R A
E E O R E J T S M W M A A U C
G U C P G O V E R N M E N T S
```

ANACOSTIA PARK
CAPITAL
CAPITOL HILL
CITY
COLUMBIA ISLAND
CONGRESS
EAST COAST
EASTERN MARKET
GEORGETOWN
GOVERNMENT

HEALY HALL
LOGAN CIRCLE
MONUMENTS
MUSEUMS
NATIONAL MALL
POTOMAC RIVER
PRESIDENT
SMITHSONIAN
SUPREME COURT
WHITE HOUSE

```
F  D  D  S  V  T  E  S  A  F  Y  C  Y  L  M
F  S  S  U  S  M  L  X  L  I  O  R  A  U  L
M  E  Y  F  T  O  E  Q  T  R  L  A  O  N  T
W  M  K  K  H  Z  S  I  L  X  F  V  X  H  U
U  I  H  A  A  E  S  D  H  A  S  R  P  C  X
L  C  N  U  F  M  T  U  T  E  G  A  M  I  Y
I  H  A  T  D  O  O  F  E  R  N  T  O  R  S
M  A  A  O  E  G  N  F  S  A  I  H  N  Y  G
A  L  R  T  T  R  E  U  U  U  N  P  T  B  J
D  K  P  N  A  Y  R  N  R  O  N  W  I  L  E
S  A  N  O  J  Y  N  E  S  N  E  P  S  E  K
X  L  Y  N  C  H  S  H  W  O  D  B  D  U  C
A  T  W  P  O  L  O  W  Y  L  O  V  A  T  O
C  R  W  R  H  R  A  R  B  I  E  A  L  L  L
T  B  I  C  T  Y  Q  E  N  O  R  F  E  L  K
```

BLEU	LOCKE
CYRUS	LOHAN
DENNINGS	LOVATO
DUFF	LYNCH
EFRON	MICHALKA
ESPENSEN	RYAN
GOMEZ	SHORT
HUDGENS	STONER
JONAS	TISDALE
LABEOUF	WINTER

```
N R L T C B O L H E H M J O S
B O P A R A R R T L K M S R H
P F H P L A R T R K A V T O J
U K R T R P N L R G B M T J L
I P E E O M V L G A S I L R B
Z W Y T T A P I J S B U A E V
S W Z N S R E H T I M S G M S
R T A O N G T Y O D R N I C K
U X H O M E R W T B A R N E Y
X A W E P O L R T S D U E L K
G J O A C H U Z O A U B D P T
U I W O S R S S R D P R A G T
T A R D S I I M V U A M K B T
P I J G B S U R V V D L C A R
Z S E L A G W S K O R L G E R
```

APU	MAGGIE
BARNEY	MARGE
BART	MOE
CARL	MR BURNS
DR NICK	NED
GRAMPA	OTTO
HOMER	PATTY
KRUSTY	RALPH
LENNY	SELMA
LISA	SMITHERS

```
Y D D U B W D S N O O T R A C
G P D R B L A T K Y K R H T H
N X R U H S L R K O S Y U G U
E T R T F L R L N S O N G I C
L T N E A R A O H E B N H P K
E S O K N C E Z A M R U H Y J
R A Y Y D N E M A I G B A K O
F T Y L O R U H L T T S R R N
Z E X N V C B R T E K G M O E
I X B T R E E N D S R U A P S
R A I M W S S E A A N B N S I
F V G A X E U T L M O A G N T
S E I D O L E M E I R R E M F
A R T J T O U T I R W R R B S
S Y S I D A F F Y D U C K P U
```

BEANS THE CAT
BOSKO
BUDDY
BUGS BUNNY
CARTOONS
CHUCK JONES
DAFFY DUCK
ELMER FUDD
FRIZ FRELENG
HUGH HARMAN

MERRIE MELODIES
PORKY PIG
ROAD RUNNER
SYLVESTER
TAZ
TEX AVERY
TWEETY
WARNER BROS
WILE E COYOTE
YOSEMITE SAM

```
T  O  E  R  Y  C  C  I  R  K  Y  V  U  S  S
Y  L  K  L  E  S  O  A  P  Y  C  M  L  I  F
P  D  T  A  B  N  O  I  T  C  A  B  E  R  A
P  E  R  L  M  A  N  E  X  R  H  N  R  L  S
U  L  U  J  I  A  K  T  T  E  U  C  P  Z
U  T  P  J  A  A  N  I  N  F  R  T  C  Y  A
X  O  D  K  T  E  N  N  L  I  C  O  U  K  I
G  R  A  L  E  I  G  H  U  L  E  S  Z  J  S
U  O  Y  W  Z  H  R  E  I  H  Z  Y  J  I  I
W  R  T  R  U  C  L  S  R  C  S  K  D  G  V
I  I  X  T  X  U  R  R  U  S  A  C  M  I  E
N  J  Q  P  L  K  S  C  A  T  A  U  Y  L  T
L  Y  K  S  N  I  Z  A  K  H  U  T  J  T  D
E  S  T  A  C  K  E  R  B  P  R  P  S  R  U
T  Q  H  A  N  N  I  B  A  L  K  A  F  O  R
```

ACTION	JAEGERS
CHUCK	KAIJU
DAY	KAZINSKY
DEL TORO	KIKUCHI
ELBA	MAKO
FILM	MARTINI
GOTTLIEB	PERLMAN
HANNIBAL	RALEIGH
HERC	STACKER
HUNNAM	YANCY

```
Q S K D N O M H C I R E T S W
O H C U B I E D P K Z M N H I
J I C K D N A L O G A C I H C
I N R O L O T S I R B N M A A
U D H O Y K C U T N E K S G A
E I T P A I R I D E E R E A E
O A N O T G N I L R A D O S S
D N E L G S N I K T A W J T O
O A D T V T A B U L C O T U A
T P Y I O V Z P L S V Q H R T
O O L T N C H A R L O T T E L
A L S R O T T R L S E N D Z A
E I L R C N M S L X A W O I N
K S J U O Q A H A B Q U T M T
B O S F P U G S L E L D O R A
```

ATLANTA	KANSAS
AUTO CLUB	KENTUCKY
BRISTOL	MARTINSVILLE
CHARLOTTE	MID-OHIO
CHICAGOLAND	POCONO
DARLINGTON	RICHMOND
DAYTONA	SONOMA
ELDORA	TALLADEGA
INDIANAPOLIS	TEXAS
IOWA	WATKINS GLEN

```
D O R Q E U F H R X H O E M Y
U U A P C C L J C R Q T I R D
T R T S A A J R O T I A Z O P
K U Z P F H F I N N I C K H Y
O M R L X Y S J R E M M I L G
P A Z M O C K I N G J A Y B B
E R E E F T R R S S I N T A K
M V I I V D I S T R I C T S H
O E O M B E K P T T G U Y M J
R L N L R H R S A A R R P E I
G B R A C O S D L C U P O P O
A R M R P U S E E N E S I B U
L A A Z H B O E R E M H S A C
S F T W N R L Z T H N F T U H
L A H X N K G A G O T F T G Z
```

CASHMERE

CATO

CLOVE

DISTRICTS

EVERDEEN

FINNICK

FOXFACE

GALE

GLIMMER

GLOSS

HAYMITCH

KATNISS

MARVEL

MOCKINGJAY

PANEM

PEETA

PRIMROSE

RUE

THE CAPITOL

THRESH

```
S R E V I R B T F Z S C I T U
S A D S R E D I P S S H T F U
K N L S A E S L E R R I U Q S
S G A V W H E J H A A P P E D
R E E K I I S D U C E M R O N
W R L N E Q M E N C B U Z I O
S S G G P S H M T O N N L G P
H T J H A E J A I O G K H T O
Z Y P B K E S S N N Y S G D Q
K L W S C R K A G S G O T I P
S P M I O T U K R L N S C S S
O S W V Q S O O J I I X O K Q
U V X I E D T R L A K E S O E
E S G O H T F N E R I G U M V
O O X M E S Y S I T H R V R T
```

BEARS	PONDS
BEAVERS	RACCOONS
CHIPMUNKS	RANGERS
COYOTES	RIVERS
DEER	SNAKES
EAGLES	SPIDERS
FISHING	SQUIRRELS
HIKING	SWIMMING
HUNTING	TRAILS
LAKES	TREES

```
I Q I X G I R A N G O A A N Q
N E Z Z S R R E G N E V A N O
M E P T S N U O R U T A C E D
J F S F I R E B O L T N R T A
J A I M W M R P S V H R S K D
S H L T O X I Q W Y W Q O X S
S C M O J M I N A O T P G T A
S A S A I P M Y L O C T R H E
T O M S M S N T S E W Y E K S
E X C P A N C H O R A G E G K
R D F D S O P A S A D E N A J
F T A D L O F N E B M L B Z O
K N U F R G N A M F F U A K T
P H L D T K N E Z E P H Y R M
L A K Q R M T U T M I B R T R
```

ANCHORAGE	KAUFFMAN
AVENGER	KEY WEST
BENFOLD	MCFAUL
CHAFEE	MOMSEN
COWPENS	NIMITZ
DECATUR	OLYMPIA
FIREBOLT	PASADENA
GETTYSBURG	SAMPSON
GREEN BAY	TORTUGA
IWO JIMA	ZEPHYR

```
M  I  W  I  G  W  A  M  T  G  M  I  T  I  C
O  L  S  S  V  N  N  O  E  R  O  S  Y  O  R
Z  O  E  J  S  J  I  S  Y  T  E  C  T  R  D
A  V  L  G  Y  O  T  N  K  J  Z  G  I  E  E
M  E  F  S  N  T  L  I  R  U  O  W  N  T  V
B  S  P  L  N  A  R  I  A  O  A  T  G  I  A
I  I  O  O  A  I  S  I  D  N  M  B  I  R  S
Q  C  R  W  M  Y  P  U  T  R  T  W  D  W  R
U  K  T  T  R  Q  L  Y  O  A  O  Z  E  G  M
E  J  R  R  E  E  O  A  N  I  M  C  P  N  I
I  T  A  A  K  U  R  O  D  W  C  A  K  O  H
A  E  I  I  O  R  I  I  H  Y  S  E  Y  S  E
V  I  T  N  J  F  R  S  S  J  L  T  R  K  T
T  A  O  S  E  V  A  W  T  E  N  A  L  P  Y
M  H  U  R  R  I  C  A  N  E  D  S  Y  L  E
```

DESIRE	PLANET WAVES
DIGNITY	PRECIOUS ANGEL
HURRICANE	RITA MAY
I WANT YOU	SAVED
JOKERMAN	SELF PORTRAIT
LAY LADY LAY	SINGER
LOVE SICK	SLOW TRAIN
MOZAMBIQUE	SOLID ROCK
NEW MORNING	SONGWRITER
NOT DARK YET	WIGWAM

```
S D S U M I Z R E D A V N I A
S E S U O M R E G N A D D O K
E A L E C I T S U J G N U O Y
C D L U U J K I S N O S C V T
E W A L C M D L O E O L K A T
R I F R O R D M J D F U D R E
G L Y A K O E Q T S T G O B B
O D T E O W N H L N R T D Y C
D K I B W H I E W E O E G N I
T R V I J T T N Y W O R E N M
A A A G E R G T G T P R R H O
C T R O U A J R Q D U A S O T
S T G Y P E L S A C U N L J A
E S C A I N A M I N A C E X A
U R V E C A F E C A R B K S R
```

ANIMANIACS	HERCULES
ATOMIC BETTY	INVADER ZIM
BRACEFACE	JOHNNY BRAVO
CATDOG	LOONEY TUNES
DANGER MOUSE	NED'S NEWT
DARKWING DUCK	RECESS
DUCK DODGERS	SLUGTERRA
EARTHWORM JIM	WILD KRATTS
GOOF TROOP	YOGI BEAR
GRAVITY FALLS	YOUNG JUSTICE

```
E  C  I  N  E  V  D  B  G  Z  U  E  W  T  X
E  A  M  Y  X  G  O  R  E  I  P  P  Y  C  T
K  E  K  P  L  N  O  E  T  L  L  D  T  A  D
A  R  R  Y  M  I  W  N  T  E  A  E  I  N  B
L  A  A  F  K  D  Y  T  Y  F  Y  C  C  O  A
R  R  P  P  O  L  L  W  C  S  A  A  Y  G  L
E  O  T  W  R  I  L  O  E  O  D  L  R  A  D
V  B  R  E  E  U  O  O  N  L  E  I  U  P  W
L  R  E  S  A  B  H  D  T  H  L  F  T  A  I
I  A  M  T  T  E  R  T  E  S  R  O  N  R  N
S  H  I  A  O  M  Z  I  R  J  E  R  E  K  H
S  A  E  D  W  E  G  T  A  A  Y  N  C  E  I
A  B  L  A  N  H  X  I  H  L  C  I  R  J  L
E  B  S  M  T  T  B  V  W  Y  E  A  P  N  L
T  A  U  S  A  N  P  E  D  R  O  B  M  R  S
```

BALDWIN HILLS
BEL AIR
BOYLE HEIGHTS
BRENTWOOD
CALIFORNIA
CANOGA PARK
CENTURY CITY
GETTY CENTER
HARBOR AREA
HOLLYWOOD

KOREATOWN
LEIMERT PARK
LOS FELIZ
MACARTHUR PARK
PLAYA DEL REY
SAN PEDRO
SILVER LAKE
THEME BUILDING
VENICE
WEST ADAMS

```
A X B A R N G S I X N Z X K H
R E X D L A N O D B A O E P K
U M U I R H H H N O F U C O L
S S E C Z A A C B N O D S E S
T M I T H M Q T U T F W P R D
R A I M L P S R A K A E L T M
Y W I C P S S S C O T T S T W
D B U D K S N S G D B B F T C
U R L O O E O F A R S T F I H
F A S W D P L N O S N E T S R
N D A E A U R S T R I C K E R
E L K L Y G E D O O W T S E W
R E T L U O P R P N O S T A W
R Y O R L I C M J I S A L C E
K Y Y O I T M S W F K F V I A
```

BRADLEY
DAY
DONALD
DUFNER
GARCIA
KUCHAR
MAHAN
MCDOWELL
MCILROY
MICKELSON

POULTER
ROSE
SCOTT
SIMPSON
SNEDEKER
STENSON
STRICKER
WATSON
WESTWOOD
WOODS

```
T D U A I T T H E U S R J A R
U B R D U A R T S O S B U M K
I W O O D Y A R E T F A F C J
O I A B A T U M N R O F R T N
R E I R N C B X A A M G I K E
A I H Z S E L S I S Y Q T L A
O N O E O G I A D T Z K Y I C
U R W O N E R L V I W M M S Z
J E E A R O S A L I L I T H T
O V C B Y Z L T M E N A R C A
S R O O E J L A M M T U S S Q
Z D U S L C H A M B E R S R Z
M S Z T L Z C A R L A R O Z O
T U O O A T I A O P C B P T F
Z R S N I Q T E N I D U I D H
```

ALLEY
BOSTON
CARLA
CHAMBERS
CLAVIN
CLIFF
CRANE
DANSON
DIANE
ERNIE

FRASIER
GRAMMER
HOWE
LILITH
MALONE
NORM
REBECCA
SAM
TORTELLI
WOODY

```
I S G L I N C O L N U I R Q D
D T A J I N O S L E N R L T G
O A N B L N O C O L U M B U S
F M D A X R D S G F H F L B T
U A H E R S A B R N P O A M L
T C I E G G P P E E I A C A E
T A R G S A H Y B R F K K N E
E R A N S K U R N O G F W F P
K T H O R B I L E O P H E I R
C H U R C H I L L S H R L J A
O U R T P E X U L E E T L D L
R R X S I S G R A V Z Y N O T
C M S M J E V K W E O U A A R
C U U R Q P A X N L O U O H O
O J A A S B B A R T O N I X M
```

ANTHONY	HAYES
ARMSTRONG	JEFFERSON
BARTON	KING
BLACKWELL	LINCOLN
CHURCHILL	LINDBERGH
COLUMBUS	MACARTHUR
CROCKETT	NELSON
DE GAULLE	ROOSEVELT
GANDHI	TUBMAN
GRANT	WALLENBERG

86. Van Halen

```
F  E  E  L  S  S  O  G  O  O  D  N  A  B  W
F  O  N  I  S  K  L  A  W  E  V  O  L  H  A
T  S  O  T  H  I  S  I  S  L  O  V  E  U  W
N  L  A  T  E  M  Y  V  A  E  H  N  B  M  F
A  T  M  L  G  K  Y  B  U  R  I  A  F  A  K
T  I  A  E  J  U  M  P  I  T  L  D  I  N  W
E  R  N  G  N  F  B  I  S  A  P  R  A  S  I
E  S  A  U  E  W  L  L  N  H  W  E  S  B  T
R  E  P  I  T  L  O  C  L  A  H  A  P  E  H
T  C  K  T  W  V  E  D  R  U  D  M  D  I  O
S  R  D  A  E  A  S  N  R  R  F  S  D  N  U
N  E  I  R  R  U  I  K  H  E  I  E  P  G  T
A  T  U  S  F  N  E  V  T  Q  V  I  H  D  Y
E  S  A  S  G  U  A  N  P  W  E  I  N  T  O
M  G  K  L  U  N  C  H  A  I  N  E  D  G  U
```

BALANCE	LITTLE GUITARS
BAND	LOVE WALKS IN
DIVER DOWN	MEAN STREET
DREAMS	PANAMA
FAIR WARNING	SECRETS
FEELS SO GOOD	SO THIS IS LOVE
HEAVY METAL	THE FULL BUG
HUMANS BEING	UNCHAINED
I'LL WAIT	WHEN IT'S LOVE
JUMP	WITHOUT YOU

```
T  F  L  B  O  A  J  I  L  R  X  S  X  O  Y
T  X  P  E  S  B  C  D  W  E  W  N  S  A  P
A  S  K  E  Y  E  I  E  S  Y  A  C  W  T  S
U  X  R  C  V  H  L  L  R  Q  I  J  S  C  X
E  J  L  M  A  Y  Y  E  R  U  L  J  U  J  V
R  F  U  I  F  U  N  Z  C  X  L  I  B  Q  C
Y  I  U  D  C  O  B  A  L  T  T  E  A  L  P
S  M  A  N  A  C  A  E  I  P  R  T  A  R  O
D  R  A  I  P  N  G  I  T  S  V  I  U  N  W
S  I  K  G  U  Y  I  O  Y  G  R  S  C  A  D
K  A  Z  H  P  V  M  L  G  F  S  E  O  Y  E
Y  S  Z  T  U  R  Q  U  O  I  S  E  P  C  R
V  I  I  U  V  X  E  R  A  R  D  P  X  T  P
A  A  F  R  R  T  C  N  Q  Q  A  N  W  A  H
N  D  O  D  G  E  R  D  U  K  E  C  I  L  A
```

AIR FORCE	ELECTRIC
ALICE	INDIGO
AZURE	MIDNIGHT
CAROLINA	NAVY
CERULEAN	PERSIAN
COBALT	POWDER
CYAN	PRUSSIAN
DODGER	SKY
DUKE	TEAL
EGYPTIAN	TURQUOISE

```
R U A A M V P M R S J O S R G
B T R E E S N A K E Z N F E N
D D O T R B C A N A C O N D A
P T T S A E O Y S C W H B D L
H U C C A I P I S M O T A A S
P S I C O P P I G F X Y S I M
S J R S Y B E A V A L P D M O
T F T I G E R S N A K E A A O
V S S E N V H A O B W M O V B
T R N O K J E A T I B E S L S
S I O O S E A S N A K E A U Z
S N C V U R D D G A G R T U K
L R A A K E E L B A C K A U P
R L G Z P R A T S N A K E I T
A R P J D A M F M A U T G S T
```

ADDER	KRAIT
ANACONDA	MAMBA
ASP	PYTHON
BOA	RAT SNAKE
BOIGA	SEA SNAKE
BOOMSLANG	SIDEWINDER
COBRA	TAIPAN
CONSTRICTOR	TIGER SNAKE
COPPERHEAD	TREE SNAKE
KEELBACK	VIPER

```
A C T T A Y L O R H I C K S X
F H H D A V I D C O O K E R D
S I M O N F U L L E R U I N K
A I T M L G N I G N I S T I J
K R I S A L L E N U E H H C O
L E E D E W Y Z E M O L U K R
U A P X F R Z W B E G D R I D
D L L E W O C N O M I S B M I
B J U D G E S A S O X S A I N
A V T Y T I L A E R D V N N S
A A U D I T I O N S T W A A P
L Z E P O L R E F I N N E J A
U N O S K C A J Y D N A R E R
A J M A R I A H C A R E Y U K
P Q G S T E V E N T Y L E R S
```

AUDITIONS
DAVID COOK
HOLLYWOOD WEEK
JENNIFER LOPEZ
JORDIN SPARKS
JUDGES
KEITH URBAN
KRIS ALLEN
LEE DEWYZE
MARIAH CAREY

NICKI MINAJ
PAULA ABDUL
RANDY JACKSON
REALITY TV
RYAN SEACREST
SIMON COWELL
SIMON FULLER
SINGING
STEVEN TYLER
TAYLOR HICKS

```
I  I  P  I  N  N  A  C  L  E  S  S  Y  U  E
P  W  R  N  A  E  R  O  S  I  O  N  D  R  I
E  I  G  O  A  A  N  O  S  I  B  A  B  T  R
E  L  B  A  T  T  R  I  H  S  D  E  R  T  I
H  D  R  D  O  O  I  A  R  G  G  U  H  O  A
S  F  G  P  K  K  T  O  V  U  N  E  D  A  R
N  L  U  B  A  A  E  Z  N  I  W  O  P  L  P
R  O  L  A  D  L  T  C  T  A  N  R  R  S  V
O  W  L  U  H  A  S  G  L  X  L  E  U  P  U
H  E  I  O  T  L  O  L  U  I  F  P  S  T  B
G  R  E  N  U  A  M  I  E  L  F  C  A  T  U
I  S  S  W  O  L  L  A  W  S  C  F  N  R  N
B  C  X  E  S  G  U  U  D  R  T  H  S  Z  K
J  C  O  G  H  O  S  T  D  A  N  C  E  S  G
E  U  T  E  R  R  E  F  O  S  S  I  L  S  O
```

BIGHORN SHEEP	OGLALA LAKOTA
BISON	PINNACLES
CLIFFS	PRAIRIE
EROSION	PRONGHORN
FERRET	RAVINES
FOSSILS	RED SHIRT TABLE
GHOST DANCES	SOUTH DAKOTA
GULCHES	SWALLOWS
GULLIES	THE WALL
NATIONAL PARK	WILDFLOWERS

```
N C T I G H T R O P E R I D E
O T H E R V O I C E S I T L T
S E E S D E L C R I C L L U F
I R S T L I D G K S O U O D B
R I O R I R R E V K F U J S
R F F A U R I Y E W C N A M A
O Y T N H E V H S T H I S A E
M M P G G E E A T A R S L N R
P T A E A R T O P O E L A Z O
O H R D M P O P L S S U W A M
J G A A Y A Y G L D Y F O R S
Y I D Y Z G Y T O U C H M E N
B L E S I M D I Y A X S A K E
Y U T R E E T R U N K I N P D
E U L B N I N N U R K W T T S
```

DENSMORE
DO IT
EASY RIDE
FULL CIRCLE
GLORIA
KRIEGER
LA WOMAN
LIGHT MY FIRE
LOVE HER MADLY
MANZAREK

MORRISON
OTHER VOICES
RUNNIN' BLUE
STRANGE DAYS
THE SOFT PARADE
TIGHTROPE RIDE
TOUCH ME
TREETRUNK
UNHAPPY GIRL
WISHFUL SINFUL

92. Chess

```
L I A C P E S U F A T V I H P
P C F C Y K L O K G F P E R L
G Q X R L T R E B N U V L R T
E I B J S K N A R I I P G D R
U G D C A S T L I N G G R J T
P U A F K T D H O E D S H Y I
U O G S E A R T P P E Q V T Z
W A H R A O A R Z O S R E Q Y
T R Y S Z T O S R C A T U L O
B E R E I M B O E J Q E M A C
O G R O O B S T A L E M A T E
P O N T O L S M O N I A D F D
A U I I S K E W E R S F H R R
W O T A K C H E C K M A T E U
N E P R S A C R I F I C E P R
```

BATTERY
BISHOP
CASTLING
CHECKMATE
CHESSBOARD
DECOY
FILES
FORK
KING
KNIGHT

NOTATION
OPENING
PAWN
PROMOTION
QUEEN
RANKS
ROOK
SACRIFICE
SKEWER
STALEMATE

94

```
T G Y Z F H I V E T M B H R Y
I T N A C I R E M A P O E T H
C I V I L R I G H T S M H A P
A D O W N I N T H E D E L T A
G S S E R T C A S B C W P R
E S C A P X O L O L W Z R T G
D Y G F F Y V M A V S I O S O
B A S R U J L C F T O R H I I
I S S I E M K A L O R U T L B
R S Q C N C E O C W E O U A O
D E M A A G U B E S R S A N T
K S T N T I E D I A S S L R U
I H D I S Z W R O D P I I U A
A L D I R E C T O R T M M O P
E E P S O W X A S H P M Y J R
```

ACTRESS
AFRICAN
AMERICAN
AUTHOR
AUTOBIOGRAPHY
CAGED BIRD
CIVIL RIGHTS
DIRECTOR
DOWN IN THE DELTA
ESSAYS

JOURNALIST
MISS CALYPSO
MISSOURI
POET
PRODUCER
PULSE OF MORNING
SINGER
ST LOUIS
THE BLACK CANDLE
WRITER

```
S A I L O N G A M R A G U S A
H F O O L I S H H E A R T N M
H E L L I N A B U C K E T J E
A O X O M O X O A K A H E L R
T S V U X V R S T L E B N P I
R T U E U P E A Y M F U A G C
U E S D C Y R O O T L I T N A
C S T Q J J U F S J O L U I N
K D O O R R T O K E W T O N B
I A N R F H N S C S E T H O E
N E V A E H O T O G R O T K A
S D C S B I T R R E I L I C U
T E U R A T S K R A D A W E T
I N T H E D A R K P A S B R Y
T E R R A P I N S T A T I O N
```

AMERICAN BEAUTY

ANTHEM OF THE SUN

AOXOMOXOA

BAND

BUILT TO LAST

CASEY JONES

DARK STAR

DEAD SET

DIRE WOLF

FOOLISH HEART

GO TO HEAVEN

HELL IN A BUCKET

IN THE DARK

RECKONING

ROCK

STEAL YOUR FACE

SUGAR MAGNOLIA

TERRAPIN STATION

TRUCKIN'

WITHOUT A NET

```
N W O R G E A T M V S L O U P
J A C K S O N U N I U V S T T
C A S L S B S O S P D L C T Y
U S X H B A P E A T A V D B N
F D K D V V N Q C A I I J Q A
S Y O C T I X T R O A N G P B
A I P E O T L S A L E M N O L
Y C L M C R H L M F S B I T A
R H S O X I E O E P E S S T A
R E E Z P I R L N R E V N E D
D Y S O S A N T T O S A A S S
U E O H U I N E O T L L L X R
T N B O S T O N O T I U T R P
R N S R E E S S A H A L L A T
L E N A J I H A K E P O T U P
```

ALBANY

ANNAPOLIS

ATLANTA

AUSTIN

BOISE

BOSTON

CHEYENNE

DENVER

DES MOINES

HONOLULU

JACKSON

LANSING

LITTLE ROCK

NASHVILLE

PHOENIX

SACRAMENTO

SALEM

SANTA FE

TALLAHASSEE

TOPEKA

```
J A N N U Y E H U I R I Q R Q
H A I K U U A R R F O P A L N
Y T R D R P L N A T A O S O F
S T Q H R Y T T G P T A S B T
Z C R P A S U S A R S H N O F
U H L M G R T A E R A I T R C
L O H R R N A U A Q S M H O P
H G O C G I I M Y X R A R S A
Z O T A H L M T O O Y L R O R
U L S A N A M H I S O C W U F
M I E T U V N M C B H H L L S
T S I A K A N G R I U U C A E
Z A E V E R E S T P R L U K N
V I O U E F L A T S I I A A T
E T I O T I C K A M E T T M Q
```

CHANGTSE	MALUBITING
CHO OYU	MANASLU
CHOGOLISA	NOSHAQ
EVEREST	NUPTSE
HARAMOSH	PASU SAR
HIMALCHULI	SHISPARE
JANNU	SIA KANGRI
KAMET	TIRICH MIR
LHOTSE	ULTAR SAR
MAKALU	YANGRA

```
F A O L R A G U S I L A D J C
E Z R S R Z P E O M G W L A W
A L C A T R A Z E M B Q P O H
L B A H S L E R D U O L O I P
A R P M R O R S K S U D T I S
M K A O E I A A A S L Q N E Z
E A C O T R M N U E D B I D R
D K A T S A I T Y L I I A N F
A L N R I R I A B R N R M A N
N Z A R S L R C D O S T E E H
G J O N E S T R A C T L M R R
E Z M P H Y O U S K O O R B E
L L P N T C R Z K U T P R V T
F B U S K S J K S U U A S S O
P X C R I Q O R S R B S A A U
```

ALAMEDA	MARE
ALCATRAZ	MERRITT
ANACAPA	MUSSEL ROCK
ANGEL	RYER
BAIR	SANTA CRUZ
BIRD ROCK	SEAL ROCK
BOULDIN	SUGARLOAF
BROOKS	SUTIL
JONES TRACT	THE SISTERS
MAINTOP	WOODLEY

```
U R E N N E K K F K F I A Y A
L Q G L N S E I C A O S R Q E
N M U D L Q O L T E R J U A B
G T O D D A C L W N W Q L E A
B S R N A L S I W I L E L S S
P F N O R O L A N B X M C S I
U Q O A P O P N L A C E X T L
T F T I E E E E N S N T W R E
U R A D P L V D D S O A B R O
J A B A O B R E I E P I F J C
I N E C E I G O R D V R H W P
B K B A A P N K W H G I S S E
L L A F A Y E T T E S E L K B
O I Y H A I D R O C N O C L G
E N O N R E V E A H G D W R E
```

ACADIA	KILLIAN
ALEXANDRIA	LA SALLE
ASCENSION	LAFAYETTE
BASILE	METAIRIE
BATON ROUGE	MONROE
CADDO	NEW ORLEANS
CONCORDIA	SABINE
DEVILLE	SHREVEPORT
FRANKLIN	VERNON
KENNER	WINN

```
D R P A T C E I E G W I V D E
A V X S Q P C T R Z A A R L T
T M E T R O P O L I S L O I O
B K I Z N U L T R A M A N E O
J D R L L O I S L A N E T L
E O E K I R S C E F L A U S M
O O P R N R O H T G L L R U E
Z M M Y L R E H X R V A E P D
P S I P N A A D T E I N A E U
I D Z T R L R Z I U L G R R V
L A P O W E R G I R L E W G W
I Y O N R E Y A A Y E X K I O
L G N I W T H G I N P V E R W
G S E T I S A R A P D Q A L I
E Y W E E I I R P T O P R W T
```

DOOMSDAY
ICON
IMPERIEX
KELEX
KRYPTONITE
LANA LANG
LAR GAND
LEX LUTHOR
LOIS LANE
METROPOLIS

NIGHTWING
PARASITE
POWER GIRL
SCORN
SMALLVILLE
STEEL
SUPERGIRL
THORN
ULTRAMAN
WAVERIDER

100. Tom Petty

```
I  T  B  S  R  E  W  O  L  F  D  L  I  W  T
L  H  R  S  E  S  I  M  O  R  P  D  R  A  H
V  E  S  A  V  N  W  O  D  K  A  E  R  B  E
E  W  A  M  E  R  I  C  A  N  G  I  R  L  L
G  A  V  R  F  H  E  L  T  O  P  J  Z  D  A
N  I  I  E  N  S  F  T  L  E  G  V  G  S  S
A  T  N  F  O  I  A  O  I  A  O  K  U  L  T
T  I  G  U  O  N  N  W  E  R  F  H  S  E  D
N  N  G  G  M  G  P  G  S  G  W  E  C  B  J
V  G  R  E  L  E  Z  T  T  A  N  G  E  E  P
I  T  A  E  L  R  K  R  L  O  T  A  N  R  H
P  A  C  I  U  Z  S  L  R  O  F  G  H  O  F
P  J  E  K  F  V  S  A  A  D  J  L  O  C  S
L  O  Y  K  C  U  L  T  O  G  U  O  Y  G  X
E  O  H  G  U  O  N  E  D  O  O  G  M  T  O
```

AMERICAN GIRL
BREAKDOWN
CHANGE OF HEART
ECHO
FREE FALLIN'
FULL MOON FEVER
GOOD ENOUGH
HARD PROMISES
LEARNING TO FLY
MOJO

REBELS
REFUGEE
SAVING GRACE
SINGER
SONGWRITER
THE LAST DJ
THE WAITING
WALLS
WILDFLOWERS
YOU GOT LUCKY

101. Benjamin Franklin

```
P  R  E  T  E  M  O  D  O  T  Y  T  R  H  E
R  O  D  T  S  I  R  O  E  H  T  O  H  T  S
I  D  L  O  N  A  M  S  E  T  A  T  S  A  U
N  A  E  I  R  O  T  N  E  V  N  I  E  M  M
T  S  S  B  T  G  U  I  E  B  T  F  L  Y  O
E  S  R  S  O  I  N  I  R  N  O  A  E  L  N
R  A  U  O  E  R  C  I  E  I  I  S  C  O  P
H  B  S  P  H  H  A  I  N  Q  S  P  T  P  D
A  M  E  G  S  T  C  H  A  T  B  T  R  O  I
N  A  I  C  I  S  U  M  R  N  H  M  I  T  N
Y  S  O  N  E  S  E  A  E  E  O  G  C  L  J
Z  S  P  E  N  N  S  Y  L  V  A  N  I  A  S
S  E  F  L  T  A  M  O  L  P  I  D  T  L  A
G  I  C  I  X  R  O  U  U  O  T  A  Y  T  D
S  L  A  C  O  F  I  B  O  O  S  O  M  P  L
```

AMBASSADOR	MUSICIAN
AUTHOR	ODOMETER
BIFOCALS	PENNSYLVANIA
BOSTON	POLITICIAN
CHESS	POLYMATH
DEBORAH READ	PRINTER
DIPLOMAT	SATIRIST
ELECTRICITY	SCIENTIST
INVENTOR	STATESMAN
LIGHTNING ROD	THEORIST

```
E U L B Y D O O M A Z P P S I
W S E M I T D O O G J O R G T
R T U T T I F R U T T I O A J
A S R O T M G I I L M T M A G
I Y C O E Y I R U E S D I Q O
S E E M N S A C A T T L S J D
E N B U N T K D U C H M E T D
D O T C E E Q N O O E A D H N
O H N H S R G D U T Z L L U U
N Y O S S Y L S T E G H A P O
R E D N E T E M E V O L N N H
O N U Y E R S Q N T X B D S D
C O F A O A L L S H O O K U P
K M A C S I H P M E M K O F A
S A K U G N I K E H T H P L B
```

ALL SHOOK UP
DON'T BE CRUEL
GOOD TIMES
GRACELAND
HOUND DOG
I GOT STUNG
JAILHOUSE ROCK
LOVE ME TENDER
MEMPHIS
MONEY HONEY

MOODY BLUE
MYSTERY TRAIN
POT LUCK
PROMISED LAND
RAISED ON ROCK
TENNESSEE
THE KING
TODAY
TOO MUCH
TUTTI FRUTTI

```
C A S G K Y U B Q Y P I S A V
I O C J P T B Q N T S N E W O
A F O S B U R Y L N I G S Q R
Y S D I D R I K S O N S O E S
P H A M M X S X T T A R M R G
S Z B R A U C K P T G W P X P
T X B R U T O I B E U I M H V
L F J S W D H I D R O C E T E
B E N O I T O I U J L L B O S
R N W G H N O L A E P A X Z N
A G T I D N K E P S T Y C T A
S Y F I S H S I R H N Y P I V
U B X U E H U O A T H O R P E
R W T U P E R T N D E N A S S
J T H A I T O E H P G R K I A
```

BENOIT
BIONDI
BRISCO-HOOKS
CLAY
DIDRIKSON
EVANS
FOSBURY
HAMM
JOHNSON
LEWIS

LOUGANIS
MATHIAS
MOSES
OERTER
OWENS
PHELPS
RETTON
RUDOLPH
SPITZ
THORPE

104. Will Smith

```
N I T T S E W D L I W D L I W
P E D A C L F R R M A R B N V
R R D H T A R X R T A I H D M
T O I A F T E R E A R T H E N
C E T N J S S S P W L W N P E
H I T C H R H Y I S R I L E L
D T O O A E P O A E N I N N A
T K T C L T R B M B R J T D T
B T Q K L N I D L S E D U E K
T L P A O I N A E I C C C N R
D C O P F W C B G L U J A C A
J N R S U K E Q E M D O A E H
R P Y N S E V E N P O U N D S
U S S C E O S I D A R W R A A
G A U G F L M D J E P X T Y Q
```

ACTOR
AFTER EARTH
ALI
ALL OF US
BAD BOYS
BLOSSOM
FRESH PRINCE
HANCOCK
HITCH
I AM LEGEND

INDEPENDENCE DAY
JADA
JADEN
MEN IN BLACK
PRODUCER
SEVEN POUNDS
SHARK TALE
WILD WILD WEST
WINTER'S TALE
WRITER

```
T M M H M D A U J X M U R A L
N S U M M E R T I M E C G T R
M T E C N E G R E V N O C R O
C A G R O V A T Y H P W E O A
O Q L E O D T H E K E Y L U C
M B Y E T F Y E S U R O A B M
P J L E A H D K I E R M R L L
O U U U T N E E N X P I D E C
S H C R E R D S T T M N E D O
I L I E I P A F H N F G H Q P
T U F T U R O E E E A C T U D
I R E N K S D L H M W H A E U
O C R I T E N K E X A O C E O
N O P A E T A X A S T L L N I
D R I P P A I N T I N G E F E
```

BLUE POLES
CATHEDRAL
CODY
COMPOSITION
CONVERGENCE
DRIP PAINTING
ENCHANTED FOREST
EYES IN THE HEAT
KRASNER
LEE

LUCIFER
MALE AND FEMALE
MURAL
PAINTER
SUMMERTIME
THE DEEP
THE KEY
THE SHE-WOLF
TROUBLED QUEEN
WYOMING

106. At The Casino

```
X R D K H J X M J B R T T Y C
U V P Q C C L O O I Z S L M Y
F K T P R U A K T P D F R L S
S Y R A S E L B A T P E S O W
T D P E R E C I P L N S U Z D
L S R S K A G O T I Y O R B T
E T E P M O C K H X T D L T A
S J L I W R P C G A Z X W R O
O R A H L H A A A V O Y W T B
L P E C O M M J C B G I L O C
Q N D E T B G K C H N D L M O
K E N O L E A C T P I I L I R
I T L I E S M A Z E B N I P T
X S N E T T E L U O R V K K R
I G G R P U S B Y A S E S O H
```

BACCARAT

BINGO

BLACKJACK

CHIPS

COMPETE

CRAPS

DEALER

GAMBLING

GAMES

KENO

LOSE

LUCK

PACHINKO

PAI GOW

POKER

ROULETTE

SKILL

SLOT MACHINE

TABLES

WIN

```
X T H G U O R D L Y Y T B W G
R O M R M A D J L A R T C I S
O O B R K N U C K L E B A L L
E U M D E A T R V P T S P D L
H I T A N D R U N E T L A P A
M I A F G A I B T L I T P I B
L L Y I I I B L C B H U P T W
R L T H N E C U S U O O B C E
X A A W F M L N R O J A L H R
V B D B I U I D U D N R O E C
T T U S E R C Z E M A T O R S
E S G X L V L C G R B X P Y L
O A O O D U R E P O R E E S P
S F U F E Y L U R T O P R S T
H A T T R I C K C E J S I N R
```

BANDBOX
BANJO HITTER
BLOOPER
CURVEBALL
DOUBLE PLAY
DROUGHT
DUGOUT
EXTRA OUT
FASTBALL
HAT TRICK

HIT AND RUN
INFIELDER
KNUCKLEBALL
MAGIC NUMBER
OUTFIELDER
PITCHER
SCREWBALL
SLIDER
TWIRLER
WILD PITCH

108. Soccer

```
E X T R A T I M E L E V E N O
F H S G R P P X T P O L A D Q
P W Q A N I I E I I N O E U E
T H R O W I N I A T P A C G K
F V T G O A L K I C K X O W S
B F D U R F R B S H R X R H S
F T O X L T F E B A G E O I R
A V O K D T C I N I W T W S E
D V B I C G L Q C R R G A T F
W S R T U I E M D I O D R L E
E R U X P S K P D R A C D E R
R O Y T L A N E P O G L A R E
L U O F F S I D E J L B S R E
F B G S T K J S K R M S X S X
R A Q I W O S C O S F A Y X T
```

CAPTAIN

CORNER

DRAW

DRIBBLING

ELEVEN

EXTRA TIME

FOUL

FREE KICK

GOAL KICK

KICKOFF

OFFICIALS

OFFSIDE

PENALTY

PITCH

RED CARD

REFEREE

SHOT

THROW-IN

WHISTLE

WORLD CUP

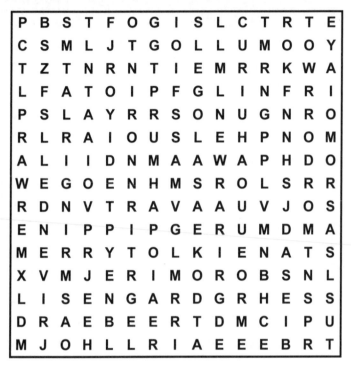

```
P B S T F O G I S L C T R T E
C S M L J T G O L L U M O O Y
T Z T N R N T I E M R R K W A
L F A T O I P F G L I N F R I
P S L A Y R R S O N U G N R O
R L R A I O U S L E H P N O M
A L I I D N M A A W A P H D O
W E G O E N H M S R O L S R R
R D N V T R A V A A U V J O S
E N I P P I P G E R U M D M A
M E R R Y T O L K I E N A T S
X V M J E R I M O R O B S N L
L I S E N G A R D G R H E S S
D R A E B E E R T D M C I P U
M J O H L L R I A E E E B R T
```

ARAGORN	MERRY
ARWEN	MORDOR
BOROMIR	PIPPIN
FRODO	RING
GANDALF	RIVENDELL
GIMLI	SAM
GOLLUM	SARUMAN
GONDOR	SAURON
ISENGARD	TOLKIEN
LEGOLAS	TREEBEARD

```
S K T O R H A V A F Q Z K N O
R A L V E R S T O N E B P J D
E E I T R A E U W W T E R H R
F P I L S E F H D I T E T A A
N A L N E B I N R L F H R O B
S C I I I T R E O L I J E O B
N N T R N A N T F I B U B S U
M A R E W C R I N A L X L E H
I L Y I M E O G A M A Q E Y H
L B S V Y R A L S S C N J U U
A V H L E T I T N O K U O T N
T R D R A V R A H N B A Q B T
E J E M A S S I V E U U O Y E
P T B S S O S X F O R A K E R
P A P A S M T Y E L N I K C M
```

ALVERSTONE	HUBBARD
ANTERO	HUNTER
BEAR	LINCOLN
BLACKBURN	MASSIVE
BLANCA PEAK	MCKINLEY
BONA	RAINIER
ELBERT	SAINT ELIAS
FAIRWEATHER	SANFORD
FORAKER	WHITNEY
HARVARD	WILLIAMSON

```
Y Z Y A O U Z B D L L A D P V
X W R A Y T W P E C S P F H P
L K S R C I H V S T E W A R T
R T Q F K O L A K E T N L R I
P O R T P L L F L G D U L A Q
S B W T C Y L B J L I N O B F
V I V P P W E D E E V C N I A
E K P T S C A R T R S S J T L
K I H S K H H O F X T K X E A
E M I N Y E P F S N R Q N Z A
T M L S J G A F H T I O H A E
T E B C O B R I E N C W Z Z B
E L I M B A U G H A I N E S A
J X N A T N O U Y L A D D E R
A T L F O D R U P D X A L A T
```

BANKS

BARR

BECK

COLBERT

DALY

DANZA

FALLON

GIFFORD

HAINES

HALL

HANDLER

KIMMEL

LAKE

LENO

LIMBAUGH

O'BRIEN

PHILBIN

RAPHAEL

STEWART

WINFREY

112. Zion National Park

```
W  M  U  A  Z  U  D  U  T  R  I  I  V  E  Z
T  H  T  R  W  Y  J  O  V  R  R  P  P  Z  P
V  K  S  C  N  O  Y  N  A  C  N  O  I  Z  M
L  I  R  O  N  C  O  U  N  T  Y  O  A  N  A
K  Y  R  L  A  V  A  P  O  I  N  T  S  O  M
O  A  N  G  E  L  S  L  A  N  D  I  N  G  O
L  W  N  K  I  A  D  N  A  L  D  O  O  W  U
O  B  T  E  V  N  S  R  O  D  B  A  Y  O  N
B  U  R  P  C  X  R  T  V  U  W  Z  N  Q  T
A  S  M  O  N  O  L  I  T  H  S  Q  A  F  A
R  E  A  X  W  T  U  T  V  E  T  U  C  Q  I
C  H  D  S  A  O  E  N  H  E  M  W  T  J  N
H  T  E  D  E  S  E  R  T  F  R  P  O  A  S
G  E  E  R  D  M  L  N  G  Y  X  S  L  K  H
U  R  R  M  E  N  O  T  S  D  N  A  S  E  F
```

ANGELS LANDING
BUTTES
DESERT
EAST TEMPLE
IRON COUNTY
KANE COUNTY
KOLOB ARCH
LAVA POINT
MESAS
MONOLITHS

MOUNTAINS
RIVERS
SANDSTONE
SLOT CANYONS
THE SUBWAY
UTAH
VIRGIN RIVER
WOODLAND
ZION CANYON
ZION NARROWS

```
O S W O P I K I V J S I Q L F
Z R E G R U B L K P Z R I C D
S A L A D F S E I B E D M L R
T O F A O L T A E M A V W O A
R L D L U C T Z J F K B S O Y
X T S A G R S Z G S J B E E R
W J R L H L E I T X S E I K U
W R U P N S H P O T I R R U B
N X H T U O A A E L C P F K K
S R T D T E T A L O C O H C Y
R C O D A N K A F F J P C S C
C E O W M I R F K E H C N R S
V G L T L W E J A A T O E T R
P T H E R E C G V C U R R Y R
N A G D X Y E B A C O N F A P
```

BACON	HOT DOG
BEEF JERKY	KEBAB
BEER	MEAT LOAF
BURGER	MILK
BURRITO	PIZZA
CHOCOLATE	POPCORN
COFFEE	SALAD
CURRY	SODA
DOUGHNUT	STEAK
FRENCH FRIES	WINE

```
M E N I L C Y S T A P E G I T
C L I N T B L A C K A A R R D
R R A A D E E R Y R R E J T D
B G W L N N Y L A T T E R O L
U N T Y S U Y A H C A A D N E
C U A D T Q N B O W V L A R I
K O I B W K R A Q I B M V E F
O Y N O S O S C S D B W E H S
W L A B O E P T T H Y F D T R
E I H K C O R D I K V I U U E
N E S K C I H C E I X I D O K
S N I K T A T E H C E T L S A
T M S T R E D S O V I N E L B
A G S W A R G C M M I T Y N E
D P R A Y P R I C E R P E Y R
```

BAKERSFIELD   LORETTA LYNN
BOB DYLAN   NASHVILLE
BUCK OWENS   NEIL YOUNG
CHET ATKINS   PATSY CLINE
CLINT BLACK   RAY PRICE
DAVE DUDLEY   RED SOVINE
DIXIE CHICKS   SHANIA TWAIN
GARTH BROOKS   SOUTHERN
JERRY REED   TIM MCGRAW
KID ROCK   TRAVIS TRITT

```
Q P T J R R S T H G I E W Y E
S U A S O U D P R M Q R F J K
R T A W E N D U R A N C E O G
L J T S P N R N M T I S U G K
T G H P O I E C E B E N S G T
Z N L I J N T H X T B T I I S
T I E L I G E I E I O E T N S
V L T I I T M N R N V Y L G G
S C E U R M O G C S O B O L V
N Y J S S B D B I D O T P G S
S C I B O R E A S T A M I N A
E Y E X R M P G E J S A O C B
D R I R N A M E O R A M T T M
L N A Q W O R K O U T T M A U
G Y M S F I I S W L P K Q L Z
```

AEROBICS	PUNCHING BAG
ATHLETE	RUNNING
BOXING	STAMINA
CYCLING	TONE
DUMBBELLS	TRAINING
ENDURANCE	TREADMILL
EXERCISE	WEIGHTS
GYM	WORKOUT
JOGGING	YOGA
PEDOMETER	ZUMBA

```
N  S  O  S  A  N  D  E  V  I  L  S  U  F  B
I  E  A  O  L  S  J  E  E  M  U  Y  A  E  P
A  E  E  I  L  L  E  W  O  P  E  P  C  L  A
L  B  S  F  O  R  T  P  E  C  K  H  L  S  V
P  O  N  T  C  H  A  R  T  R  A  I  N  E  A
M  H  O  S  F  S  I  O  P  R  L  A  R  L  E
A  C  T  Y  A  O  E  O  O  L  T  S  A  A  S
H  E  L  E  R  K  N  F  L  Q  L  D  W  W  V
C  E  A  D  Y  S  A  O  L  O  A  E  Q  I  O
P  K  S  T  E  N  G  K  N  U  S  R  L  K  S
N  O  R  U  H  L  I  F  A  T  T  I  M  X  S
R  M  U  M  A  R  H  A  G  W  A  E  S  C  F
R  S  A  S  O  S  C  A  R  M  E  R  T  U  L
S  Y  L  P  L  E  I  O  N  T  R  A  I  D  A
A  I  C  Y  A  Z  M  A  A  Z  G  V  S  O  F
```

BECHAROF	OKEECHOBEE
CHAMPLAIN	ONTARIO
DEVILS	PONTCHARTRAIN
ERIE	POWELL
FORT PECK	RAINY
GREAT SALT LAKE	RED
HURON	SAKAKAWEA
ILIAMNA	SALTON SEA
MICHIGAN	SELAWIK
OAHE	SUPERIOR

```
J E N Z Z O W E L L E S T P P
X U T R T S S G T H C N Y L P
R Y N Y O K L U A O C O A E L
I A L R O K C I R B U K R E W
A P D O O W T S A E A R P A C
A L R V G R E S N L D Y K B A
D B L I D S A E T A T L U A Y
B R U E E C A M I L U R I L P
G I C E N A A L N W T F A W R
T S A D I N J M O O R Q R K I
K P S Y R P K A N P T U R I N
M N S A O R F A A T P S F E L
M G T U A P N N C U M O U M V
U Q O S U O J K R P R E C H M
W G K O F I I I A D J Q F Z O
```

ALLEN	IVORY
ALTMAN	KUBRICK
BROOKS	LEE
BURTON	LUCAS
CAPRA	LYNCH
COPPOLA	RAY
DE NIRO	SCORSESE
EASTWOOD	TARANTINO
FORD	WELLES
HUSTON	WILDER

118. Halle Berry

```
S D T R T S H S I F D R O W S
T H E P R O G R A M T H C M L
O X Q E E D I T K R A D A J L
T L D A K I H T O G L S T U L
H B O O M E R A N G L T W N A
E U J S R U R W Y L A P O G B
W L A H I A V O O N C O M L S
E W O D Z N C D B Y E A A E R
D O W N P A G E U O H M N F E
D R Y I S N C I T P T V X E T
I T A T I D C T S H P S T V S
N H L V E V E S R A E Y W E N
G M I L E V Y I T E I S M R O
C L O U D A T L A S S A U O M
E S A Q L L N I S D Y S H N U
```

ACTRESS

BOOMERANG

BULWORTH

CATWOMAN

CLOUD ATLAS

DARK TIDE

FATHER HOOD

GOTHIKA

JUNGLE FEVER

LIVING DOLLS

LOSING ISAIAH

MONSTER'S BALL

NEW YEAR'S EVE

RACE THE SUN

ROBOTS

SWORDFISH

THE CALL

THE PROGRAM

THE WEDDING

X-MEN

```
O C S N A E J E U L B P D R I
R S A A Q C Y R M W X A B A L
T N A R G Y Z Z I L R L M B Y
Y Z L E M E P T I K U E U L B
U C R I D E H T P E R R X E T
J Z R S N O N A V I N O L P C
K S X R U G R E C I L A L O C
M E H T N A L A N O I T A N T
Y A Y O D V N G L R A D I O E
T O E I E I D O T N R O B E L
U C S T R E T I R W G N O S P
B E W M S E M A G O E D I V J
P L L I K L L I K X R O T R A
C I R T C E L E Y D O B Q D A
R E G N I S R B R H R Q U S W
```

AMERICAN
BEL AIR
BLUE JEANS
BLUE VELVET
BODY ELECTRIC
BORN TO DIE
BURNING DESIRE
CARMEN
COLA
DARK PARADISE

KILL KILL
LIZZY GRANT
NATIONAL ANTHEM
RADIO
RIDE
SINGER
SONGWRITER
VIDEO GAMES
WITHOUT YOU
YAYO

120. NASCAR Teams

```
I  E  K  S  N  E  P  C  T  K  V  O  R  G  O
T  R  O  P  S  E  L  C  R  I  C  B  O  O  Q
H  A  N  H  O  T  N  C  R  U  T  A  U  G  G
O  W  I  T  J  O  E  G  I  B  B  S  S  R  Y
R  K  W  F  F  R  M  W  U  J  T  T  H  E  V
S  C  D  O  P  Y  C  K  A  G  U  E  F  E  S
P  I  L  P  P  H  O  H  E  R  N  S  E  N  A
O  R  A  W  T  F  O  R  N  D  T  A  N  A  A
R  R  B  O  L  Z  M  E  R  O  G  H  W  L  R
T  I  Y  R  K  A  R  I  N  R  I  L  A  S  A
R  S  M  T  I  S  C  I  E  I  Y  S  Y  A  T
E  J  M  N  C  K  L  A  Y  A  X  E  I  F  S
Y  X  O  O  Y  B  S  H  S  U  Z  X  N  V  I
I  Y  T  R  E  H  G  U  A  D  G  T  J  S  R
F  T  M  F  L  I  V  A  Z  E  T  L  T  R  T
```

CIRCLE SPORT	PHOENIX
FAS LANE	RICK WARE
FRONT ROW	ROUSH FENWAY
GERMAIN	STEWART-HAAS
GO GREEN	SWAN
HENDRICK	THORSPORT
JOE GIBBS	TOMMY BALDWIN
JTG DAUGHERTY	TRISTAR
NEMCO	TURNER SCOTT
PENSKE	VISION

```
A V M S I P Q I N N Y A R C
P T E B N O I T I S O P L A V
T S D R A C E L O H M I X I G
A H L T S K T A L Z I U T A P
C H I P L E A D E R U T D C U
F L V E E T O G E L A V K S A
T Y E Y G P T A P D T I L E L
L U H E M A G H S A C R S S V
L S A L E I J U G K L E F E D
T S N O C R U B E I J V D B O
Q N D R A C N R U T A I V S E
Z P M A L U K S D Y P R C K K
H B O S L L P P S M I L T L R
H S U L F F U L B L I N D S E
T D H R F Q U V Y T Z I A M Y
```

ACTION
BLIND
BLUFF
BUY-IN
CALL
CASH GAME
CHIP LEADER
FLOP
FLUSH
HOLE CARDS

JUNK
KICKER
LIVE HAND
POCKET PAIR
POSITION BET
RAISE
RIVER
STRAIGHT
TILT
TURN CARD

```
Q U O D L O T T E A T C A O T
Q S U P E R N A T U R A L H D
R M A T H S I W J H Y P L B V
E A P Y H T S G A C S T O M E
I L T E H E E O P I U U F F R
G L V B R A O M R I P R U K O
N V S O N F R R A C S E S K N
I I T V R U E T I G R S B L I
K L J S N T H C O G E A O R C
I L R A J N E D T F I H T G A
T E W X S Y U X U S D N T S M
A A R R O W C V X E C I A I A
Y L I F E I S W I L D O X L R
G I L M O R E G I R L S R I S
M I O N E T R E E H I L L E E
```

ALL OF US
ARROW
CAPTURE
GILMORE GIRLS
GOSSIP GIRL
HART OF DIXIE
LIFE IS WILD
NIKITA
ONE TREE HILL
PERFECT SCORE

REIGN
RESCUE HEROES
RUNAWAY
SMALLVILLE
STAR-CROSSED
SUPERNATURAL
THE GAME
THE ORIGINALS
VERONICA MARS
VORTEXX

123. Tim Burton

```
L M E D I R B E S P R O C C V
B E E T L E J U I C E M R R V
A I T I S T V L O E W A I E I
T N T E D I R E C T O R V C E
M E S D R O R R O H L S I U A
A E B D D G D S T T L A N D R
N W O M O O D F O R O T C O D
S N R Y E O T N K L H T E R S
O E B I C C W Y A A Y A N P B
J K Y I T I K D E L P C T H I
T N X E G E H S E N E K A W W
U A U L G F R T R U E S T A M
S R P R Y I I I O I L E N H N
E F M B O S B S R G S G W A A
E G K D A R K S H A D O W S H
```

BATMAN
BEETLEJUICE
BIG EYES
BIG FISH
CORPSE BRIDE
DARK SHADOWS
DIRECTOR
DOCTOR OF DOOM
ED WOOD
FRANKENWEENIE

GOTHIC
HANSEL AND GRETEL
HORROR
LUAU
MARS ATTACKS!
PRODUCER
SLEEPY HOLLOW
SWEENEY TODD
VINCENT
WRITER

```
Y B A C H R I S R O C K C P D
M N H O J N O T L E Y T Q O P
Y E N S I D T L A W K D R A O
E V A G A B O R O A N I U O A
R I T N O C L L I B S L S P T
U N L O T L Y B S D A A L S S
A D E U X I E R A N G L D O S
U I Q E D L N Y K W N J R E O
C V B L U B R A S A I O E H F
N A S A J Q A N T W K L W O H
Y D T S E L C A A U Y S C C O
S Z G S O O T D L V R O A V W
A A V I C F R A D U R N R E U
S E N E L L A M I T A L E P J
K B I L L C O S B Y L P Y R B
```

AL JOLSON	EVA GABOR
ART CARNEY	KISS
BILL CONTI	LARRY KING
BILL COSBY	LASSIE
BRYAN ADAMS	PAUL ANKA
CHRIS ROCK	PAULA ABDUL
DAVID NIVEN	QUEEN
DORIS DAY	TIM ALLEN
DREW CAREY	TINA TURNER
ELTON JOHN	WALT DISNEY

```
S R D O R N E D L O G M P M U
E E H A P E O N Y P E U P Y A
L W G O I M D A R I R I H U I
O O O O D L S C U P L A A C L
R L R O L O L E L F A P W C O
E F N K D I D E L O R P T A N
G N L V X V L E M X V L H F G
O U S I R I I Y N A O E O L A
N S A V L P I O M D C B R O M
G D Q A A E C S L T R L N W S
R E C H E R O K E E R O S E E
A B I T T E R R O O T S N R V
P G C O S A G E B R U S H E A
E S O R A M O H A L K O W L T
L C L R E W O L F Y A M Q L I
```

APPLE BLOSSOM
BITTERROOT
CAMELLIA
CHEROKEE ROSE
GOLDENROD
HAWTHORN
IRIS
MAGNOLIA
MAYFLOWER
OKLAHOMA ROSE

OREGON GRAPE
PEONY
PURPLE LILAC
RED CLOVER
RHODODENDRON
SAGEBRUSH
SEGO LILY
SUNFLOWER
WOOD VIOLET
YUCCA FLOWER

126. Spider-Man

```
D D B I Y M H A Y P T O V K T
Q V E L A S T R Y Y E I B D U
R E N I M Y S T E R I O S B W
G N N Z L A I C A T T Z L S V
V I B A H R H Z O B E A R R U
P A Z R J O A O O R C P H E L
T K N D V Y B C I K P A I R T
S H O C K E R G C T L I N E U
U W F G W E N A O Q J R O K R
B L L G P S T O M B S T O N E
R H I U K F R Y M O L R U I E
P G J N Y D K I N G P I N T Y
P L V F R F S A N D M A N O P
U I S X Y F E Y O L A I I E F
L V H X I A T R P R A O T N R
```

BEN
BLACK CAT
CARLIE
GWEN
HOBGOBLIN
KAINE
KINGPIN
LIZARD
MARY JANE
MAY

MYSTERIO
PETER
RHINO
SANDMAN
SCORPION
SHOCKER
TINKERER
TOMBSTONE
VENOM
VULTURE

```
N F H U D S O N R I V E R C W
Y I O Q R O Q U E E N S O C N
L N A D N A L S I N E T A T S
K G Y G I E G R O E G E K A L
O E C E A T W O R L S M T S V
O R R M L R S Y T X N L D R P
R L A A P L A R O A I L N O E
B A M N M U A F D R R T A C S
U K T H A A B V A M K A L H U
F E N A H O S Z K L U C S E C
F S U T C M U Y U W L T I S A
A W O T E O L P R U A S G T R
L B M A K U A T N O M H N E Y
O I D N A L S I E R I F O R S
K R A P L L I K S T A C L M O
```

BROOKLYN

BUFFALO

CATSKILL PARK

FINGER LAKES

FIRE ISLAND

HUDSON RIVER

LAKE CHAMPLAIN

LAKE GEORGE

LONG ISLAND

MANHATTAN

MOHAWK VALLEY

MONTAUK

MOUNT MARCY

NEW YORK CITY

NIAGARA FALLS

QUEENS

ROCHESTER

SARATOGA

STATEN ISLAND

SYRACUSE

```
W Z S U E D P I K S A L U P F
W Y D K A M J B X C O N W A Y
R M F F L S R O G E R S U R S
H M F Z F A Y X N B K L I O S
H L O E S U A S T E K T U W H
O I R N L G L E U N S Q A K E
T T A T A K B E T R B Z O R
S T S N N I D R E O U T O L W
P L M A T E C G Y N Z D S R O
R E I K O R P E N V I A W L O
I R T R T Y M X L I E P R S D
N O H A T I D N A L R A G K P
G C U X E K O N O L O P W F S
S K D E V I L S D E N L S S X
N A I T S A B E S A L I N E D
```

BENTONVILLE
CONWAY
DEVIL'S DEN
FAULKNER
FORT SMITH
GARLAND
HOT SPRINGS
JONESBORO
LITTLE ROCK
LONOKE

MONTICELLO
OZARKS
PINE BLUFF
PULASKI
ROGERS
SALINE
SEBASTIAN
SHERWOOD
SPRINGDALE
TEXARKANA

```
T F O R C E O F E V I L P T A
E E T H E S E A W O L F M P C
T K F F A N T A S I A Q I E N
R H C I O G R A L Y E K G E A
W B E O L I B E D L A M H L L
S C A R L E T S T R E E T S B
R A S L E C L P Y S A W Y G A
E X L T L D G B T B E O J I S
L D T L R O H I U R E W O B A
L A E A M A F O B O O U E E C
I B K T N Y Y F U E D R Y H E
K F S C O O S D I S H A O T T
E P V Q Z U U O O R E T U U E
H T H E S T R A N G E R N Q O
T H R D A R K P A S S A G E Q
```

A DOUBLE LIFE
ALL MY SONS
BALL OF FIRE
BEDLAM
CASABLANCA
DARK PASSAGE
DETOUR
FANTASIA
FORCE OF EVIL
KEY LARGO

MIGHTY JOE YOUNG
SCARLET STREET
STRAY DOG
THE BIG CLOCK
THE BIG SLEEP
THE KILLERS
THE RED HOUSE
THE SEA WOLF
THE STRANGER
THE WESTERNER

```
E O R E W O T E C A E P P E S
T O R I D O W N T O W N G I W
S E X E D Q T B N R U Q J L O
L T E G V E G H L X G E P P E
A P A R L I A M E N T H I L L
T E E L T A R U R G E Z D A G
I W L T F S B A C I L S B C I
P R L N A N T A W A U E J E N
A M I W E D O R R A N R B D S
C Y H O R D A T E P T A X E T
V Q Y T I C N N E B A T L V R
P L D Y K S I I A R L R O I E
B Z N B P T O T L C B A K L E
S M A M A N S T A T U E S L T
O R S G N W O T R E W O L E U
```

ALBERT STREET	LINDENLEA
BYTOWN	LOWER TOWN
CANADA	MAMAN STATUE
CAPITAL	OTTAWA RIVER
CITY	PARLIAMENT HILL
DOWNTOWN	PEACE TOWER
ELGIN STREET	PLACE DE VILLE
GATINEAU	RIDEAU CANAL
GLABAR PARK	SANDY HILL
LEBRETON FLATS	THE GLEBE

```
S X U N S G T R E V L O V E R
O E Z L O V E M E D O G J Y T
M X D N O W T O K C A B T E G
E S R P U Q H L R Z N E P S V
T D H U U O E E T G L O S T S
H A I C B T Y S R E E H M E V
I O D R I B A S A E E R F R K
N R R T O X E N E S M Q M D I
G Y B T U T O R A V U A H A T
N E R P U R T W S F O E N Y B
E B I S R T O E X O Y L K J R
W B N I L M A Z K J U W E O H
E A G S A U A F U C S L D H T
Z B O N E I A D E S I L G N S
Y V E A Q R E P P I R T Y A D
```

ABBEY ROAD
DAY TRIPPER
ELEANOR RIGBY
FREE AS A BIRD
GEORGE
GET BACK
HEY JUDE
JOHN
LET IT BE
LOVE ME DO

NOWHERE MAN
PAUL
REVOLVER
RINGO
RUBBER SOUL
SHE LOVES YOU
SHE'S A WOMAN
SOMETHING NEW
TICKET TO RIDE
YESTERDAY

```
K S R J P R N T W H E S C I W
K N P G N S R S T A R T I U C
O I T E H L R Q I E J E C Q E
X G S S E P D N M I T E P L
D L E I F G N I R P S L R W E
L E W R I A A I R O E P O T A
B L D X A P A I M A F T G J L
P L I L K U E E K R A K A K I
I I M W K D Q R P O P X C O D
J V P A O A C S S R H G I O A
U R N A G A E Z N U I A H C R
L E R W I N N E B A G O C T F
Z P I S E W A U K E G A N O T
S A N G A M O N L J I O T P T
I N A G I H C I M E K A L S G
```

AURORA	LOGAN SQUARE
CAHOKIA	MIDWEST
CHICAGO	NAPERVILLE
CICERO	PEORIA
COOK	ROCKFORD
DUPAGE	SANGAMON
ELGIN	SPRINGFIELD
JOLIET	WAUKEGAN
KANE	WILL
LAKE MICHIGAN	WINNEBAGO

```
W E R T F S G N I H S I F W A
E V X A A O T P H Z R C A O Q
R R E V I R K E S L A T J L A
T E A G R U P Q I R E B R F V
L S I H W Y H B I R B L D Z S
X E S M E S N B F P Y A S H M
V R E O A G O O I N L C Z I L
Y P N I T U W J N T Z K R T Z
A P I I H L G C O H Z B X Q O
B A R O E T A N M U I E L V X
Y K E U R N P S I N R A V W N
R S V A A O M X U T G R R W W
D A L L S H E E P I F M L K U
V L O T E R B J U N E A U A R
D A W O H I K I N G Q O R O R
```

ALASKA
ALSEK RIVER
BLACK BEAR
CARIBOU
DALL SHEEP
DALTON POST
DRY BAY
FAIRWEATHER
FISHING
GRIZZLY BEARS

HARE
HIKING
HUNTING
JUNEAU
LYNN CANAL
PRESERVE
RAFTING
WATERFOWL
WOLF
WOLVERINE

134. R.E.M.

```
O E Y S P R A T M S Z S T Q A
Q O H E L S A G L S I P G U G
P T A H L M P P Q P L T N O D
W D P S L L I M R T F I A R T
E O B U C K G A R S A R T E B
Q S R R E E T A R E L E C C A
S D O C U M E N T R L V Z K N
C N A E M E I G R N O E M O D
C A E G I O P T L U N A A N A
V T A N F L N L F L M L S I H
V S A A Y P P S A O E R T N X
N A M R E P U S T E T D U G A
W A R O U N D T H E S U N M L
R E F F S T I P E W R X O E L
B N M U O N E E R G J U H W W
```

ACCELERATE
AROUND THE SUN
BAND
BERRY
BUCK
DOCUMENT
FALL ON ME
GET UP
GREEN
MILLS

MONSTER
MURMUR
ORANGE CRUSH
OUT OF TIME
RECKONING
REVEAL
STAND
STIPE
SUPERMAN
WENDELL GEE

```
S  S  T  B  L  E  S  W  D  W  T  S  X  H  K
P  R  A  I  W  E  A  I  E  I  B  F  S  I  O
X  N  B  E  W  R  T  J  O  O  T  T  A  P  B
E  A  A  R  S  I  I  O  O  T  E  B  X  M  D
E  M  T  T  I  F  N  D  H  K  Z  W  A  J  O
E  G  M  P  H  K  O  A  D  S  E  F  S  Y  O
L  A  A  L  H  W  R  Y  M  L  D  R  A  K  S
T  R  N  S  E  A  W  V  T  O  E  A  S  N  F
G  N  I  W  T  H  G  I  N  D  W  R  E  S  A
I  X  U  G  L  V  F  N  H  P  D  T  C  D  M
O  R  G  Y  T  S  W  O  R  C  E  R  A  C  S
A  A  N  O  I  A  O  S  O  E  R  I  F  C  U
Q  X  E  M  G  D  B  I  B  A  F  T  O  S  I
I  E  P  Y  M  W  G  O  I  U  L  O  W  P  L
W  G  C  S  C  G  U  P  N  M  A  H  T  O  G
```

ALFRED	MISFIT
BANE	NIGHTWING
BATGIRL	PENGUIN
BATMAN	POISON IVY
CATWOMAN	RAGMAN
DEADSHOT	RED HOOD
GOTHAM	RIDDLER
HAWKFIRE	ROBIN
JOKER	SCARECROW
LYNX	TWO-FACE

```
N L P R Q U A O B Q E R S F J
J E A E O P L T K A L U R U T
I S E I P E P A F Y R O U X S
U S V D W B S I J A E D E A O
H A H I U P R K N S V U E C T
G E S N S C I L U M I A Y T Y
O F L I G N A C O A L A E M N
J I E T R O I S G R O S A T I
K B P N E S R U S F R R N C E
H Z A A I J V K R E T T O R T
A R H S H K I S L I I R S C S
F X C H T C N L N W A U W Z T
S E S S U I E W R E O B A V R
N R V Y A K S S D M Y T L K H
U D F W G F X P D T A A H C K
```

BARDET	LIGNAC
CHAPEL	MARTIN
CORA	OLIVER
DEEN	PIC
DUCASSE	RAMSAY
GAUTHIER	ROUX
IRVINE	SANTINI
KELLER	STEIN
LAWSON	TROISGROS
LEWIS	TROTTER

137. Famous Authors

```
T O T H O R E A U Z I N I E I
T O J F A R M W T U S B O I S
L U G W F W E T O P A C T D X
P V V N H T T N H S C M E T C
T Q A O O I Z H K A E T I H W
S C K H V S T E O L F H D M Q
R N I R U O N M V R U A G Q M
F O N U I T N I A I N A G U O
A S O O E E L N K N O E F V H
P I S L T L E G E C I O D J S
T R R E E O P W N G I A R T K
T R E G N I L A S I U D W K G
R O M N I P A Y X N V T W T U
I M E A T R O W T A J R B T X
M E Y P R I E O A E Y K I N G
```

ANGELOU
CAPOTE
DICKINSON
EMERSON
FAULKNER
HAWTHORNE
HEMINGWAY
HUGHES
IRVING
KING

LEE
MELVILLE
MORRISON
POE
SALINGER
THOREAU
TWAIN
VONNEGUT
WHITE
WHITMAN

```
P Q P R C S Y O B W O C K Z A
S E S R O H L I B L C I V K P
U H G A W U A R J I P S I C N
S B S R E G G N I Y T T A O G
B A B O A V N H W G R T I T N
U R A D M N I I S V W I R S I
L R A E O U D T P T P O P E K
L E T O J P I E I O O O C V C
R L I Q A S R D N T R C N I U
I R E U S A C E A T E M K L B
D A K E I D N M O T R P A A A
I C T E L D O I Z L S Y M E O
N I T N G L R T U A X T F O T
G N I D N E B E L O P X U T C
Y G N I L T S E R W R E E T S
```

BARREL RACING
BRONC RIDING
BUCKING
BULL RIDING
COMPETITIVE
COWBOYS
COWGIRLS
GOAT TYING
GRAND ENTRY
HORSES

LIVESTOCK
POLE BENDING
RODEO QUEEN
ROUGH STOCK
SADDLE
SPORT
STADIUM
STEER WRESTLING
TEAM ROPING
TIMED

```
R  S  G  N  I  H  T  D  L  I  W  G  H  Q  P
S  A  E  K  C  A  H  S  Y  D  D  A  C  U  E
I  R  E  N  A  I  P  T  M  A  E  R  U  I  D
U  R  E  F  O  A  T  K  L  I  M  F  D  C  W
U  O  V  T  C  J  I  Y  S  F  P  I  N  K  O
T  T  A  E  S  N  S  T  O  A  K  E  A  C  O
T  C  J  I  G  U  O  I  A  F  T  L  L  H  D
U  A  A  P  A  O  B  C  S  R  E  D  E  A  E
M  V  I  I  T  Q  N  T  A  O  L  M  I  N  G
W  N  K  G  Q  T  X  S  S  H  M  L  B  G  O
H  N  A  I  D  E  M  O  C  O  A  S  M  E  O
A  M  E  A  T  B  A  L  L  S  H  P  O  X  R
R  U  S  H  M  O  R  E  M  U  K  G  Z  U  C
M  I  A  L  I  I  I  H  V  J  M  L  V  K  S
C  L  J  O  V  G  E  T  S  M  A  R  T  B  S
```

ACTOR
CADDYSHACK
CITY OF EMBER
COMEDIAN
ED WOOD
GARFIELD
GET SMART
GHOSTBUSTERS
HAMLET
KINGPIN

MEATBALLS
OSMOSIS JONES
QUICK CHANGE
RUSHMORE
SCROOGED
SPACE JAM
THE LOST CITY
TOOTSIE
WILD THINGS
ZOMBIELAND

140. Birds Of Prey

```
A C T E M Y U T K R K P S X A
U B V P L R R E I R R A H G V
I L U K A Y Y R W N F I Y O E
B A L D E A G L E A Y E W S L
U C T L F S O A L R P H L H C
Z K U W F R T C G E I C A A A
Z K R O L I O R A T T S J W R
A I E Y C N S R E A S E R K K
R T O N W K L H N L P A E J I
D E S W E K A A E Z I E D N H
G A P A I W N G D A K A K L S
X Y R T K B S N L S G G I L E
U K E S N O W Y O W L L T N A
R M Y O E S I V G R E E E I F
S B J O S B T I B U S U S S I
```

BALD EAGLE	OSPREY
BESRA	PEARL KITE
BLACK KITE	RED KITE
BUZZARD	SEA EAGLE
FALCON	SHIKRA
FISH EAGLE	SNOWY OWL
GOLDEN EAGLE	TAWNY OWL
GOSHAWK	TINY HAWK
HARRIER	VULTURE
KESTREL	WHITE HAWK

```
V N N F A N O S A M E E R F R
Y S O A B R A D D O C K E W Z
V Y I R A C E H H R A N H O J
N V T E N P V V T J Q O T T S
A P U W G O R T O R S F A N E
H O T E F E N E C L A S F E G
A Y I L E K O R S R U M G M D
I O T L A R Y F E I O T N U I
N R S A N R T R B V D V I N R
I K N D E L E Y R O T E D O D
G T O D O R D N R I S N N M N
R O C R Y R T L E R R T U T A
I W S E S A J Y S G E T O O D
V N Z S M A D A A Q M H F N M
L N R S I T S U C J E U C F G
```

ADAMS
BRADDOCK
CHERRY TREE
CONSTITUTION
CUSTIS
DANDRIDGE
FAREWELL ADDRESS
FOUNDING FATHER
FREEMASON
GENERAL

JAY TREATY
JOHN
MARTHA
MONUMENT
MOUNT VERNON
PRESIDENT
REVOLUTION
SIEGE OF BOSTON
VIRGINIA
YORKTOWN

```
G E T O A L W D F T R S S Z S
F J K P V I P M A K E N A O K
H U L A F P O L Y N E S I A P
W H I S I L O U M O N O H L L
U E X A O L Z E B A E O A O R
E T I K U L U L O N O H M H C
G O A V F A S A S L O W T A O
Z I L Y T M K E A I A T R N A
T O J D U S C W O Y H T S A Y
E N C L F A E K A N U A M Y O
A F R E L X H R T W A I B V E
S S D N A L S I C V A C P P P
E T A E T N I R I H S L L A T
X S Z M A U I Q P N Z R A O E
W E X F A B E A C H E S T H V
```

ANAHOLA	KAUA'I
BEACHES	MAKENA
CRESTVIEW	MAUI
HALAWA	MAUNA KEA
HONOLULU	MOLOKA'I
HONOMU	NI'IHAU
HULA	O'AHU
ISLANDS	OCEANIA
KAHO'OLAWE	POLYNESIA
KAILUA	VOLCANOES

```
T E O U M O K A A E R W Q W A
B P D P F R U O L F C C D Y U
Y E R Z S A I G T L I I L T S
F R O S T I N G U D I N L U L
P E P F I L L I N G W N G E N
H D S E I J T O O R K A A C T
I V C P K T R C C W R M H V R
D E C O R A T I O N F O P R H
H L Z W N I C A C V C N E K I
S V B G D R N L T O R R A C R
J E E T E M O K L E M O N S C
J T G A K M B A L A A I Q S A
O G G T A G T A Z E M O C H A
R A S P B E R R Y O S S S P S
Z L S O B R S P U M P K I N O
```

BAKED	LEMON
CARROT	MOCHA
CHOCOLATE	ORANGE
CINNAMON	PUMPKIN
COCONUT	RASPBERRY
DECORATION	RED VELVET
EGGS	SMALL CAKE
FILLING	SPRINKLES
FLOUR	SUGAR
FROSTING	VANILLA

144. Musical Instruments

```
P G T U R L D S G O A Y D C K
T X T F P N P N E T F P K O D
G R Z S S S M U R D O D C N X
H A I D P N T O F L V A P C H
L S S A B S M D Y R R A R H T
Z S A N N B M A R I M B A A B
A L L E O G S O N A J L H F R
T T T N I I L A A D B S L T D
U R E C O R D E R T O U P Y B
J U N O N V T R L A T L T J Z
T M I T A R I B O E T O I T P
B P R S I I T O T C L I W N T
R E A M P F E D L G C U U P T
D T L H A R M O N I C A K G V
O P C Y T S D I C I N I I U S
```

ACCORDION

BASS

CLARINET

CONCH

DRUMS

FLUTE

GUITAR

HARMONICA

HARP

MANDOLIN

MARIMBA

OCARINA

PIANO

RECORDER

TRIANGLE

TROMBONE

TRUMPET

TUBA

UKULELE

VIOLIN

```
S Q R Y T A K E I T E A S Y N
J M Z M E N O G Y D A E R L A
J I B M Q R E S O A B N M G M
A W E G U R F U U G E A Q S O
M X S I I C T L V W E G N O W
E A T Y L L S E K I E K N D Y
S L O U A K O I K T I T U A H
D W F W S N D E O C H P R R C
E S M A U I D V Y E O P G E T
A A Y Q N S E W B E W R N P I
N S L T R R U O A W L K O S W
A S O R I D R A W A O N L E K
U W V T S D I P S L N O E D K
N S E Y E N I Y L S G A H H D
P B Q R K S Y S C H M I T P A
```

ALREADY GONE	NEW KID IN TOWN
BAND	ON THE BORDER
BEST OF MY LOVE	OUTLAW MAN
DESPERADO	ROCK
FREY	SCHMIT
GET OVER IT	TAKE IT EASY
HENLEY	TEQUILA SUNRISE
HOW LONG	THE LONG RUN
JAMES DEAN	WALSH
LYIN' EYES	WITCHY WOMAN

```
Q R T P E T I H P A R G A Z I
M A S E T I L A Y H X D J A L
L E P V I S A R C U A A S T H
A A N O M P W C U M D K R N Z
C L V E O K R R I E E L E O U
E W P T L Y E T I R A D A J B
T A K I O K E T O Z M S S W X
I G G L D L E L U N A A E Y N
S L I A L R I R R E L U T G H
S T R Y U T I V X L A C I O V
E I A A E T J A E E C O N U T
H E O F E O Z L L N H N E W U
F Z E K T C E S H I I I X Q R
L Y O R P I M E N T T T U G T
U S N A B E S I T E E E E Y E
```

ADAMITE	JADARITE
BORAX	JADEITE
CRYOLITE	KEROLITE
DOLOMITE	LAZURITE
EUXENITE	MALACHITE
FAYALITE	NABESITE
GRAPHITE	NELENITE
HESSITE	OLIVENITE
HYALITE	ORPIMENT
IDRIALITE	SAUCONITE

147. Dog Breeds

```
G A S V D A I V S L U H C S C
S H O K K A I D O L E E H H R
T I R B G B K U F A K I I E M
L S A Z L R U I J B E H N E D
R S N H N B E L T R U Y O P O
H M Q A I K S Y L A T S O D P
S Y Z V I P A O H D I L K O D
P O T A A T P U G O O N R G R
O O N N O T A T X R U G U H A
O S I E E P O M E R A N I A N
D E S S A V L I L B S A D R R
L A R E I R R E T A R F P R E
E I S X J L N P M I D A G I B
S F U E O E U E L G A E B E T
Q M A C Y B O Q V M S U K R S
```

AKBASH
AKITA INU
BARBET
BEAGLE
BULLDOG
CHIHUAHUA
CHINOOK
DALMATIAN
GREYHOUND
HARRIER

HAVANESE
HOKKAIDO
LABRADOR
POMERANIAN
POODLE
PUG
SHEEPDOG
SPANIEL
ST BERNARD
TERRIER

148. Justin Timberlake

```
S R O R R I M P S S W A R H D
E T X M S S E M E T I T T S C
X U R E T L T D E L J G I F E
Y O H O L Y G R A I L N N A N
B Y A A P P I B M H G P C S O
A R E N N I W L S E M T D C G
C R O C K Y O U R B O D Y I D
K A N Q R V A O M R P Y V N N
Z C C S I T L Y D B O E I A A
P T U N N E L V I S I O N T D
T R I U M O R V K T T P J E A
P T Y O V J U S T I F I E D E
K S D E L V W O R K I T D E D
O E R K S U M M E R L O V E T
L R L O V E D E A L E R F V U
```

ACTOR
CARRY OUT
DEAD AND GONE
FASCINATED
GIVE IT TO ME
HOLY GRAIL
I'M LOVIN' IT
JUSTIFIED
LOVE DEALER
MIRRORS

MY LOVE
ROCK YOUR BODY
ROLE MODEL
SEXYBACK
SIGNS
SINGER
SUMMER LOVE
TUNNEL VISION
WINNER
WORK IT

```
P X W P T C M K R C T J Z R N
N R U B U A G O U O E E A A R
B L Y F N O S M I R C V P P E
U N A I T E N E V L U X W I M
R S L D S U V E R T Y A U A L
G U A O E F K X L T S U R R S
U T N O H C L I L A R O C R E
N E I W C T O A Z T O F H F Y
D L D D Z E N F M N R U T B I
Y R R E B P S A R E H C I S I
L A A R S S T U R G M H Z C Q
L C C L R I B G R A G S L B R
O S V T P Y R I T M M I F O Z
F W B R R O P E P E M A Y I H
O T L E A E U A C Y K A B R L
```

AMARANTH
AUBURN
BURGUNDY
CARDINAL
CERISE
CHESTNUT
CORAL
CRIMSON
FLAME
FOLLY

FUCHSIA
MAGENTA
MAROON
RASPBERRY
REDWOOD
ROSE
RUBY
RUST
SCARLET
VENETIAN

```
T P R W V L I T R Y A A E Z H
E K A A H X S R P K L D O G V
P E O L T L C U J V S U D L V
S V A C N A S X H T R M L U U
L N Q R H O J N R S O T O O J
T O O E A M T B O C T T T U M
T T E M C A S R S I B L T O A
R L S L I R O I U E D P T S N
A A U L L S W N Z L A H E S H
H W U A H I I O M G B J F E Q
N E R B N O S L E D A A F T I
O E J O H N S O N O S L U A P
R B U R T H G I N K U L B G J
T U R O R A B N L L L E D O P
O M A E H U S E S U T N Z G A
```

ADELSON	ICAHN
ALLEN	JOHNSON
BALLMER	KNIGHT
BEZOS	KOCH
BREN	MARS
BRIN	PAGE
BUFFETT	PAULSON
DELL	SIMONS
ELLISON	SOROS
GATES	WALTON

```
W  P  P  A  U  L  I  N  E  W  M  R  M  J  R
A  F  A  R  E  W  E  L  L  T  O  A  R  M  S
F  O  T  S  S  P  Z  M  M  W  R  O  I  E  U
R  S  R  H  T  K  I  M  T  T  F  U  L  T  Q
I  C  I  J  S  H  R  I  H  E  B  I  L  S  O
C  R  C  O  A  A  P  A  D  T  Z  O  I  R  J
A  M  K  U  G  D  R  A  P  A  R  M  N  P  R
R  U  Z  R  R  L  E  C  B  K  H  D  O  V  E
F  H  R  N  E  E  Z  E  E  U  A  O  I  C  T
S  C  S  A  G  Y  T  Y  E  N  C  O  S  S  E
U  T  S  L  O  H  I  F  K  C  A  J  I  I  P
M  E  Z  I  R  P  L  E  B  O  N  L  U  U  T
A  K  R  S  Y  S  U  Q  L  N  R  I  P  Z  U
R  O  H  T  U  A  P  K  E  A  L  X  A  E  P
Y  L  L  R  A  Q  S  R  A  T  Y  K  I  V  L
```

A FAREWELL TO ARMS	JOURNALIST
AFRICA	KETCHUM
AUTHOR	MARTHA
CUBA	MARY
ELIZABETH	NOBEL PRIZE
GREGORY	OAK PARK
HADLEY	PATRICK
IDAHO	PAULINE
ILLINOIS	PLANE CRASH
JACK	PULITZER PRIZE

152. Tekken Characters

```
R D E O O M C R U A N I F A Z
F E J I N K A Z A M A Y U P I
L V D N L V X Q P N E A S Z Z
I I L D E I I R C A A O T G J
N L A N Y S N I B O B M I L S
A J G D U G E G R M A R M B Z
W I L L N N O I X L O U I R I
A N U E T A H R L I Q K H Y Q
L R M O I S P K D K A A S A B
T P G R L W L A W O O O O N I
S R T B T R U E O G R E Y F E
E M A R S H A L L L A W L U S
R P F Y E A P C O M B O T R S
O R T M O K U J I N H A T Y J
F R S T R U Y R N A G Z N J C
```

ANCIENT OGRE
BRYAN FURY
COMBOT
DEVIL JIN
EDDY GORDO
FOREST LAW
GANRYU
JIN KAZAMA
LEI WULONG
LEO KLIESEN

LING XIAOYU
MARSHALL LAW
MOKUJIN
PANDA
PAUL PHOENIX
RAVEN
SLIM BOB
TRUE OGRE
YOSHIMITSU
ZAFINA

```
H E L A J S G T G N I K I H C
H V N K S E R I U T P K U T B
Y T I R A L S A I L I N G V C
Z A A O T Y K L G T T Y O A I
G B A S E B A L L I R L M I V
O O E U N R T K N E L P G G S
E Q L R N S E G I E I T N N C
E V U F I B B E Y N E I G I W
C Z R I S P O B G J G O N H A
G R S N Q K A V R G J C I S H
U Z P G P L R K O T I S L I T
S U E T L A D J H P I G C F P
L L A B T N I A P Q W I Y I I
S K I I N G N I E O N A C Y W
R U N N I N G N I L E V A R T
```

BASEBALL   PAINTBALL
CAMPING   PICNIC
CANOEING   RUNNING
CYCLING   SAILING
FISHING   SKATEBOARDING
GOLF   SKIING
HIKING   SURFING
HUNTING   TENNIS
JOGGING   TRAVELING
KAYAKING   VOLLEYBALL

154. Bob Marley

```
B D T R C Z A O L I E D A I I
X R C H K A Y A L G I S B B R
R E P O E S T O U C B S U Z E
E V V O N W L C O O C F R I D
G O H I N F A E H D F C N M E
G L S W L E R I B A A A I B M
A E I S A R L A O N E R I H B T
X H L R I V S J V T R L R W I
O T B I R O I A E E A S U E O
D S O U L R E V O L U T I O N
U I P D N I M M A J E K I H S
S T I R I T U P K L Z C N O O
V E B A L D A E R D Y T T A N
R I N B N K K U P R I S I N G
```

BUFFALO SOLDIER
BURNIN'
CATCH A FIRE
CONFRONTATION
EXODUS
IS THIS LOVE
JAH LIVE
JAMMIN'
KAYA
NATTY DREAD

ONE LOVE
REDEMPTION SONG
REGGAE
SOUL REBELS
SOUL REVOLUTION
STIR IT UP
SURVIVAL
THE WAILERS
UPRISING
ZIMBABWE

```
F  I  N  D  I  N  G  N  E  M  O  S  A  U  E
A  N  S  G  R  N  B  D  I  B  M  A  B  Q  M
N  T  E  F  P  T  L  T  R  D  U  M  B  O  I
T  T  H  E  S  H  A  G  G  Y  D  O  G  O  T
A  S  L  E  E  P  I  N  G  B  E  A  U  T  Y
S  N  I  P  P  O  P  Y  R  A  M  F  L  P  D
I  L  G  A  N  A  P  R  E  T  E  P  X  A  O
A  E  Y  A  D  I  R  F  Y  K  A  E  R  F  L
V  N  S  C  A  L  L  E  R  E  D  N  I  C  E
N  I  A  M  E  R  T  Y  N  N  H  O  J  M  M
M  T  P  C  N  K  H  O  R  T  E  M  G  U  M
G  N  I  K  N  O  I  L  E  H  T  F  D  L  C
T  P  L  S  L  U  A  T  C  T  A  R  Z  A  N
R  A  E  E  P  O  L  L  Y  A  N  N  A  N  E
P  R  S  L  O  O  I  H  C  C  O  N  I  P  Z
```

ALADDIN

BAMBI

CINDERELLA

DUMBO

FANTASIA

FINDING NEMO

FREAKY FRIDAY

HOLES

JOHNNY TREMAIN

MARY POPPINS

MELODY TIME

MULAN

PETER PAN

PINOCCHIO

POLLYANNA

SLEEPING BEAUTY

TARZAN

THE LION KING

THE PARENT TRAP

THE SHAGGY DOG

```
R  R  R  Y  U  A  L  Z  M  R  T  O  R  C  Z
E  E  E  N  U  R  I  O  G  R  A  N  D  E  A
D  V  V  O  M  M  O  U  N  T  E  V  A  N  S
L  N  I  I  H  O  A  G  T  E  O  A  R  T  E
U  E  R  T  R  A  U  C  N  D  P  P  A  R  M
O  D  N  C  T  O  N  N  O  A  R  S  U  A  D
B  E  E  N  E  R  D  G  T  U  R  L  A  L  N
P  P  E  U  A  L  A  A  I  E  N  U  A  C  A
E  R  R  J  C  T  I  X  R  N  L  T  D  I  R
V  N  G  D  I  U  F  A  B  O  G  B  Y  T  G
J  S  A  N  L  U  I  S  V  A  L  L  E  Y  I
S  N  I  A  L  P  T  A  E  R  G  O  A  R  T
F  O  U  R  C  O  R  N  E  R  S  O  C  K  T
L  O  N  G  S  P  E  A  K  K  E  A  A  N  E
L  A  K  E  C  O  U  N  T  Y  R  L  D  L  U
```

ASPEN	GREEN RIVER
BOULDER	HANGING LAKE
CENTRAL CITY	LAKE COUNTY
COLORADO RIVER	LONGS PEAK
DENVER	MOUNT ELBERT
DURANGO	MOUNT EVANS
FOUR CORNERS	RIO GRANDE
GRAND JUNCTION	SAN LUIS VALLEY
GRAND MESA	VAIL
GREAT PLAINS	YUMA COUNTY

```
R E W O T N C I T Y R S S D T
N L L P S N W O T A N I H C R
W M I M T C R O S E D A L E O
O L D T O R O N T O E T G L I
T L K O T O C T S K S D T K R
E I R P R L R A I E E V P U A
G H A L T O E E S A C E V U T
A T P K D P U I P A P M R I N
B S N E D R A G N A L L A G O
B E O R T A B A E D R O A R E
A R T U A U D S N R I K M Z K
C O T H E A N N E X I A P A A
E F Y B F C U P I U P V D T L
E V L F Y O R K V I L L E C C
F N O A F T L D E E R P A R K
```

ALLAN GARDENS
CABBAGETOWN
CANADA
CASA LOMA
CHINATOWN
CITY
CN TOWER
DEER PARK
FOREST HILL
GREEKTOWN

LAKE ONTARIO
LITTLE INDIA
LYTTON PARK
MOORE PARK
OLD TORONTO
ROSEDALE
ROUGE RIVER
SCOTIA PLAZA
THE ANNEX
YORKVILLE

```
S T N A S S I R O L F T Y E H
S P R I N G F I E L D S T C C
E G L Y N T S E W D I M N N R
R K N T Z W F A R U C A U E A
P Y L I A R T N O G E R O D Y
X T T C R P C L T R L L C N A
E I R N O P T A O A S E H E W
Y C H O U S S U I T N E T P E
N S P S O O T E C B M S R E T
O A E R F O C H U J M S O D A
P S S E A I A S O L P U W N G
T N O F L R B P A K B M L I L
K A J F L T L T I X I M T O H
F K T E O I M E X T E I C A C
N H S J N L Q S T P E T E R S
```

BLUE SPRINGS
COLUMBIA
FLORISSANT
GATEWAY ARCH
INDEPENDENCE
JEFFERSON CITY
JOPLIN
KANSAS CITY
LEE'S SUMMIT
MIDWEST

O'FALLON
OREGON TRAIL
PONY EXPRESS
SPRINGFIELD
ST CHARLES
ST JOSEPH
ST LOUIS
ST PETERS
TEXAS COUNTY
WORTH COUNTY

159. US Presidents

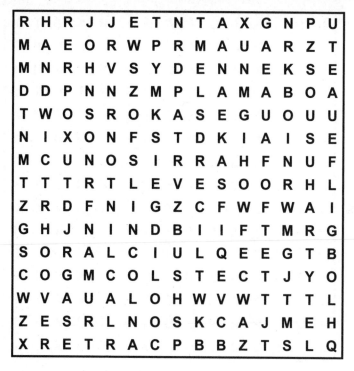

```
R H R J J E T N T A X G N P U
M A E O R W P R M A U A R Z T
M N R H V S Y D E N N E K S E
D D P N N Z M P L A M A B O A
T W O S R O K A S E G U O U U
N I X O N F S T D K I A I S E
M C U N O S I R R A H F N U F
T T T R T L E V E S O O R H L
Z R D F N I G Z C F W F W A I
G H J N I N D B I I F T M R G
S O R A L C I U L Q E E G T B
C O G M C O L S T E C T J Y O
W V A U A L O H W V W T T T L
Z E S R L N O S K C A J M E H
X R E T R A C P B B Z T S L Q
```

ADAMS
BUSH
CARTER
CLINTON
COOLIDGE
FORD
GARFIELD
HARRISON
HOOVER
JACKSON

JEFFERSON
JOHNSON
KENNEDY
LINCOLN
NIXON
OBAMA
REAGAN
ROOSEVELT
TRUMAN
WILSON

```
I  I  I  L  I  S  I  A  G  O  R  A  T  T  X
F  S  K  P  E  A  I  S  S  I  L  E  M  V  R
X  P  O  N  A  C  A  L  S  N  M  Y  W  H  I
L  J  U  M  Y  N  E  I  O  K  N  W  M  T  U
I  O  T  A  S  O  G  E  E  P  C  O  X  P  W
T  Y  F  N  E  O  M  R  R  H  O  N  O  L  M
S  W  Y  O  Q  R  K  O  A  G  C  R  Y  A  R
S  X  D  N  S  M  A  S  N  T  P  R  C  K  N
O  Y  T  E  L  S  G  K  O  O  I  E  A  A  O
N  P  N  H  X  A  T  S  I  E  I  P  R  X  I
O  A  Z  T  E  A  T  R  D  N  N  A  O  I  E
L  E  S  R  A  S  M  I  E  T  P  Y  E  R  P
O  T  I  A  A  G  E  E  P  F  S  A  Q  F  P
K  O  C  P  A  X  M  U  N  A  I  B  K  T  A
U  B  E  U  J  T  W  A  M  I  C  J  R  E  Z
```

ACROPOLIS	MELISSIA
AGORA	NEOS KOSMOS
CAPITAL	OMONOIA
DEXAMENI	PANGRATI
EXARCHEIA	PARTHENON
GREECE	PEDION AREOS
ILISIA	PLAKA
KAPNIKAREA	SYNTAGMA
KOLONOS	THESEUM
LOFOS STREFI	ZAPPEION

```
A S V R R C I D S R V A A L T
P T S P R R A U B A U I E O O
H O A R E C H R H Y W T R B R
A S F G A G H H Y R L U C O N
E G M A I S S A C O N C O R D
D C H E Y N H M R O W A N O R
M C L I L E O E A L J T D B W
P A S H G L T T V C O K R S T
R T A S O H I T G I O T T N Q
W A K E A U P V E N L N T E Y
G W J A C K S O N V I L L E E
R B O O N E H P I E I M E R Z
E A Z R E V I R O N E L L G T
L R L L S T L A D I T R L I A
Z R O Q T A I N O T S A G E W
```

ASHEVILLE	GREENSBORO
BOONE	GREENVILLE
CARY	HIGH POINT
CATAWBA	JACKSONVILLE
CHARLOTTE	MACON
CONCORD	PITT
DURHAM	RALEIGH
ENO RIVER	ROWAN
FAYETTEVILLE	WAKE
GASTONIA	WILMINGTON

```
C T O T G E D K R F P A P P Z
A W J Y S L S L E E N E G U E
L T L N J Q U O A Y M A R T Y
R T J N U T N O N C G F E Z V
Z N A A H V H K E N I C K I E
S A N D Y X O R I L Y S U E H
H L L T P E J N M B Q U U P C
T S T H G I N R E M M U S M N
U A Z U G A O T T I Z L A P A
P A M K H T T R A V O L T A L
D C K C P Y W U T B W B S L B
L V W E F R E N C H Y D O O D
Z K I S C O N A W A Y E O O H
R A Y U G T U K T N Z T S Q S
N N B G R R J Y K N W P S O Z
```

BETTY	KENICKIE
BLANCHE	MARTY
CHANNING	MUSICAL
CONAWAY	NEWTON-JOHN
DANNY	PATTY
DOODY	PUTZIE
EUGENE	SANDY
FILM	SONNY
FRENCHY	SUMMER NIGHTS
JAN	TRAVOLTA

```
O T U D H D S O Q J A C R R I
R I U A R R A S G G S T O P K
P U Y E L C Z B V E S J T A F
R S S S A P N P S O S O P N T
O S L H A L R K F X O T S T F
A S Y I O E I O C R H W U S P
Z T L R P R A F W A A E L K W
O I S T T P T B H P T C U C P
Y S P A I G E S B O O T S O N
Z L L T E L K R G L O V E S Z
L L B K T J C V S A N D A L S
T U U W I B A T G G K L I E S
J N O X Q T J L B J E R S E Y
X X W S U S O X R F E I G H S
U D R P V N R I O R R H Y Y W
```

BELT	PANTS
BOOTS	SANDALS
COAT	SCARF
DRESS	SHIRT
GLOVES	SHORTS
HAT	SKIRT
HEELS	SLIPPERS
HOODIE	SOCKS
JACKET	SUIT
JERSEY	TIE

```
T G U G J Y Y F I Y O C V V J
U D Y T T O T I G E R P I L J
T C R S H S S R T Z E E P U A
A D R A G O N E Y E M W S Q T
O C E O I W I S A R B O C B W
Y T D Y N N G C E D R N A A A
B A A S K F H O V N A A X N D
O F S K Y H T U I C T R L S Q
P A U Y K O H T O E O I T H G
L T R R S R A N E P T U N E R
E A C A Y N W L O G L A G E D
S L N Y P E K L U M R U Z A L
K N G X R T S N L V E D H T R
S N T A C M O T T T I D A I H
R I Q L E R S R A V E N W L A
```

BANSHEE	NEPTUNE
COBRA	NIGHTHAWK
COUGAR	RAPTOR
CRUSADER	RAVEN
DEMON	SEA DART
DRAGON EYE	SENTINEL
EAGLE	SKYKNIGHT
FIRE SCOUT	SKYRAY
FURY	TIGER
HORNET	TOMCAT

```
D  L  E  I  F  R  E  E  D  A  Y  T  O  N  A
N  V  O  R  M  O  N  D  D  J  K  T  L  B  M
A  S  H  R  E  T  A  W  R  A  E  L  C  U  A
L  P  S  U  O  R  T  V  J  I  C  N  Q  T  P
H  T  E  I  A  B  A  N  D  D  O  T  S  L  P
G  O  S  N  N  O  S  R  E  D  N  E  H  E  W
I  N  R  Y  S  U  I  L  Q  C  G  N  T  R  N
H  S  O  N  O  A  V  E  L  H  S  B  N  S  D
Q  I  H  T  U  R  C  I  B  I  S  E  N  N  A
C  L  I  R  G  A  B  O  E  A  H  L  R  R  N
Z  A  D  Q  C  N  Y  L  L  P  A  L  M  C  I
H  W  B  Z  U  N  I  N  P  A  E  E  T  M  A
R  W  S  T  T  O  Y  D  S  V  R  A  R  P  X
V  E  L  O  I  R  O  E  E  O  Z  I  L  O  O
V  O  N  A  P  M  O  P  I  R  F  R  M  A  D
```

ANNE'S	HIGHLAND
BELLEAIR	HILLSBORO
BOYNTON	HORSESHOE
BUTLER	JENSEN
CLEARWATER	ORIOLE
CRESCENT	ORMOND
DANIA	PALM
DAYTONA	PENSACOLA
DEERFIELD	POMPANO
HENDERSON	REDINGTON

```
O I V A P L R G T O E C O H T
R M D J M H H Q K O F D K S L
E Y S S S D A O Q P A U L V N
R G E Z B E A R S K I N T W Z
B B O W L E R S E A J C F L X
M A O S T R A W H T O E T I C
O B L O W S F Y T W Z T R S N
S E P A W T X L B J J F K M R
I R A O C A V O A L E W W R D
I E S T S L Y O S R I X F A O
P T A Z S K A F E D O R A S C
I A A I P E K V B R A M T F A
M O R T A R B O A R D G L D S
S B L N E I M B L A E O B A A
A B E A N I E K L U M R A Y B
```

BALACLAVA
BALMORAL
BASEBALL
BEANIE
BEARSKIN
BERET
BOATER
BOWLER
COWBOY
DEERSTALKER

DUNCE
FEDORA
FEZ
KEPI
MORTARBOARD
SOMBRERO
STRAW
TOP
TRILBY
YARMULKE

```
D Y U E N O U N Q J T B E Z W
U O D E S J T S T R O N G E R
J V S A E O E M I T Y R E V E
A L H O X M M E N R I G A W Z
I T E I M F F E L N E N T T I
S L C L W E U O T U T X T E N
W B R E A K T H E I C E P O A
S L S A E T E H C C M K P Y M
N A I I D Z A I I C E E Y U O
A C N U O A P F R N I I S T W
L K G N Z A R P E U I R P F U
T O E A T L A N I M I R C O O
U U R I E R O M E M M I G U P
L T N I L O U T R A G E O U S
H G O A A A Y U O A G O F U P
```

ANTICIPATING

BLACKOUT

BREAK THE ICE

CIRCUS

CRIMINAL

DO SOMETHIN'

EVERYTIME

FEMME FATALE

GIMME MORE

IN THE ZONE

LUCKY

OUTRAGEOUS

PIECE OF ME

POP

RADAR

SINGER

SOMETIMES

STRONGER

TOXIC

WOMANIZER

```
S  T  V  I  W  A  T  N  E  M  N  A  L  I  A
O  Z  P  A  A  S  I  P  O  R  A  V  L  S  H
U  D  L  T  U  R  E  O  I  R  R  N  S  J  P
T  E  D  E  R  O  L  O  C  I  T  R  A  P  A
H  R  B  I  S  V  N  X  H  M  A  H  M  P  D
E  E  A  S  N  S  P  A  J  H  M  A  E  S  M
R  K  R  V  N  D  E  L  W  S  U  F  H  R  A
N  S  T  O  A  O  O  R  V  A  S  G  U  G  N
Y  I  E  T  M  N  S  C  P  K  L  H  S  N  O
K  H  L  B  R  T  C  G  H  Y  Z  A  O  U  R
O  W  S  T  E  F  N  O  D  I  G  N  P  V  T
M  B  Q  N  D  K  R  Z  R  O  N  M  R  N  A
S  I  B  E  R  U  T  Y  N  E  H  E  Y  B  X
U  N  Q  N  O  L  Y  A  D  E  Q  P  S  E  G
Z  E  J  A  V  A  N  E  S  E  I  K  A  E  A
```

AFGHAN	PALAWAN
BARTEL'S	PARTICOLORED
HODGSON'S	SIBERUT
INDOCHINESE	SIPORA
JAVANESE	SMOKY
KASHMIR	SOUTHERN
LESSER PYGMY	SUMATRAN
MENTAWI	TRAVANCORE
NAMDAPHA	VORDERMANN'S
NORTHERN	WHISKERED

```
R Q V O S M R J K T F A I S I
R J T K T B Z O F P C Q O U C
E Z Y M R V R W U O O R T G C
V S X U U O T O Y T R T U I J
I P X R M R L Y W K E M P N I
T L C P R O C E S S O R N A S
U S M O N I T O R E E A S E L
R F U Y I V B H S D N R R S I
H S O F T W A R E T M V J U N
A W L A T R Q R I R E O X O U
Q O J N U X X V C R B R D M X
P D T P K C I T S Y R O M E M
S N R Y P R K S I D D R A H M
D I X A U A D N A B D A O R B
F W T S K M F K E Y B O A R D
```

ANTIVIRUS	MODEM
BROADBAND	MONITOR
BROWSER	MOTHERBOARD
DESKTOP	MOUSE
FAN	PROCESSOR
HARD DISK	RAM
KEYBOARD	ROUTER
LAPTOP	SERVERS
LINUX	SOFTWARE
MEMORY STICK	WINDOWS

170. Board Games

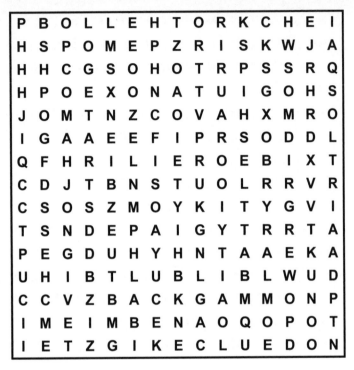

```
P B O L L E H T O R K C H E I
H S P O M E P Z R I S K W J A
H H C G S O H O T R P S S R Q
H P O E X O N A T U I G O H S
J O M T N Z C O V A H X M R O
I G A A E E F I P R S O D D L
Q F H R I L I E R O E B I X T
C D J T B N S T U O L R R V R
C S O S Z M O Y K I T Y G V I
T S N D E P A I G Y T R R T A
P E G D U H Y H N T A A E K A
U H I B T L U B L I B L W U D
C C V Z B A C K G A M M O N P
I M E I M B E N A O Q O P O T
I E T Z G I K E C L U E D O N
```

ALHAMBRA
BACKGAMMON
BATTLESHIPS
CHESS
CLUEDO
DOMINION
HOTELS
LE HAVRE
LUDO
MAHJONG

MEDICI
MONOPOLY
OTHELLO
POWER GRID
PUERTO RICO
RISK
SCENE IT
SHOGI
STRATEGO
YAHTZEE

```
L K O C E A N B E A C H I R A
N I D M R C A L I F O R N I A
O R U Y A B N O I S S I M S K
R I U P U R E W O T O R T U S
E L C S Q U K B B L V P N S G
D I H R S N A E T T Z W I C O
A T I A O I T N T U A A O T L
C T N C M O A O I S R I P W D
R L A E A N W N R R T B S I E
A E T L L S U R H T A R R N N
B I O B A Q V I O I C M E P G
M T W A S U R W X P L Y T E A
E A N C I A E X C Z A L N A T
L L I H O R E R T O P U U K E
T Y H C A E B H T R O N H S Q
```

ALAMO SQUARE
ALCATRAZ
CABLE CARS
CALIFORNIA
CHINATOWN
COIT TOWER
EMBARCADERO
GOLDEN GATE
HUNTERS POINT
LITTLE ITALY

MARINA
MARKET STREET
MISSION BAY
NORTH BEACH
OCEAN BEACH
POTRERO HILL
RUSSIAN HILL
SUTRO TOWER
TWIN PEAKS
UNION SQUARE

172. Orlando

```
U S E S R U O C F L O G K I M
A M W A Y C E N T E R Q T O O
C T Y S C I T Y W A L K D D D
I E A T K I K D R T A G W I G
T D S D N R O O L Q N U S S N
A W F L N U A O A I D C L N I
U E D L U A O P K T O C P E K
Q T L I O E L C E V A X S Y L
A L R V K R I E M R I O W A
V A O S L G I R O G E R E O M
L N W S A L Y D L T N H V R I
G D A M I C I R A O A A T L N
S S E L O H K N I S O G R D A
Z K S V S N O I T N E V N O C
I R E T N E C S U R T I C T O
```

AMWAY CENTER
ANIMAL KINGDOM
AQUATICA
CITRUS CENTER
CITY WALK
CONVENTIONS
DISCOVERY COVE
DISNEY WORLD
EPCOT
FLORIDA

GATORLAND
GOLF COURSES
LAKE EOLA
MAGIC KINGDOM
ORANGE COUNTY
ORLANDO ARENA
SEAWORLD
SINKHOLES
THEME PARKS
WETLANDS

```
X  R  O  C  F  I  S  H  I  N  G  S  L  Z  L
E  O  S  K  P  I  L  O  T  O  Q  H  R  I  A
N  O  I  T  C  U  R  T  S  N  O  C  E  D  J
I  F  R  T  E  A  R  E  E  N  I  G  N  E  L
R  E  J  S  A  E  J  R  F  T  M  U  A  S  F
A  R  H  L  S  X  L  R  A  I  H  C  A  O  C
M  L  A  F  V  L  I  W  E  N  G  I  B  L  I
I  N  T  T  A  S  L  D  O  B  C  H  S  D  S
N  V  H  T  E  R  F  L  R  R  M  H  T  I  R
E  I  L  M  L  F  M  X  R  I  K  U  E  E  E
R  V  E  M  I  T  A  E  T  T  V  E  L  R  R
Y  V  T  R  U  C  K  D  R  I  V  E  R  Q  O
Y  A  E  I  R  O  N  W  O  R  K  E  R  S  B
S  H  D  K  M  J  O  O  Y  Y  S  R  H  T  A
S  A  D  Z  A  W  H  S  F  H  Y  W  K  O  L
```

ATHLETE	MARINE
COACH	MINER
CONSTRUCTION	PILOT
ENGINEER	RANCHER
FARMER	ROOFER
FIREFIGHTER	SHERIFF
FISHING	SOLDIER
IRON WORKER	STEEL WORKER
LABORER	TAXI DRIVER
LUMBERJACK	TRUCK DRIVER

```
S  B  R  U  N  L  E  A  S  H  E  D  R  R  T
M  W  A  N  T  E  D  O  C  E  H  T  E  L  Q
M  O  S  A  G  E  V  T  S  A  L  H  T  R  R
O  P  A  N  L  G  E  G  C  E  U  E  Z  N  Z
E  R  T  G  I  S  L  T  A  N  A  C  D  S  N
V  M  A  C  L  G  O  Z  F  O  D  O  O  U  E
O  O  E  S  A  R  E  O  Z  G  A  N  L  T  F
L  E  B  E  T  P  R  B  R  Y  T  T  P  C  U
F  D  W  L  S  G  M  P  N  B  S  R  H  I  U
O  I  H  E  I  U  F  I  P  A  I  A  I  V  Y
T  S  F  V  E  V  O  C  P  B  M  C  N  N  Z
S  O  E  I  H  P  I  Y  Z  E  A  T  T  I  I
A  N  P  T  E  T  Q  O  W  N  E  Y  A  S  W
E  H  R  Y  H  F  Y  K  N  O  Q  D  L  B  E
F  P  N  O  T  S  O  E  L  G  N  B  E  M  S
```

ACTOR	LEVITY
AMISTAD	NOW YOU SEE ME
BATMAN BEGINS	OBLIVION
DEEP IMPACT	RED
DOLPHIN TALE	THE CODE
EDISON	THE CONTRACT
FEAST OF LOVE	THE HEIST
GONE BABY GONE	UNFORGIVEN
INVICTUS	UNLEASHED
LAST VEGAS	WANTED

```
P B I L E T B O S T O N O U S
O E R Z L O S R D P V R S O G
L M M O P E G D I R B M A C V
N I Z T R R W K I S S O L R T
E D I C G I F O L I T N E U W
W D S V C H U R L O P O M I R
E L B A T S N R A B F R L X L
N E E L Y P P A Q N G F H E V
G S R H J M Y L N R K O U S R
L E K A T A G R Y T O L R S G
A X S R I H X D C M U K I E N
N H H V R E I T U U O C I N Y
D D I A L I P E Z K A U K S O
S O R R H R W O R C E S T E R
C N E D P M A H X P B S J H T
```

BARNSTABLE

BERKSHIRE

BOSTON

BRISTOL

CAMBRIDGE

DUKES

ESSEX

FRANKLIN

HAMPDEN

HAMPSHIRE

HARVARD

LOWELL

MIDDLESEX

NANTUCKET

NEW ENGLAND

NORFOLK

PLYMOUTH

SALEM

SUFFOLK

WORCESTER

```
P V R Y W P I U A L R V M L Z
H S J B E S S T A X T L W I Y
E C A N C E R C O A S N E M I
F I B D R A E C R Q G S P L L
T R X S E R C V E U I I D U F
O O P W T M A O H P I E R P I
U J E A I F O S L R H T J U G
D A G I C H E R C U L E S S A
O M A L U R T D D O M A U U T
I A S T L O R I O N R B K S T
I S U N U A Q U I L A P A U I
U R S A M I N O R T E T I V G
T U C A N A R D Y H P O O U A
U T U I S V E T R P N X G E S
J Q R D R P Z E K L A E W N O
```

ANDROMEDA	LUPUS
ANTLIA	MENSA
AQUILA	ORION
AURIGA	PEGASUS
CANCER	RETICULUM
CEPHEUS	SAGITTA
COLUMBA	SCORPIUS
HERCULES	TUCANA
HYDRA	URSA MAJOR
LACERTA	URSA MINOR

```
C U D D O T A R D N E K R S C
E G A M E S H O W N L M H V I
L J O A N R I V E R S A C T C
E S S R J Y I W D M P G I Y N
B P R M D I Y F R I T N R T A
R L L A H O I N E S R A N I R
I H D R R A N R P R A T H L L
T O E K T Q S A Y I U E O A L
I E X B H M Q E L I L O J E I
E K R U O P P P L D P I Y R B
S Y E R C O N T E S T A N T S
O I G N I V A N K A T R U M P
G A G E O R G E R O S S U A J
N O I T I T E P M O C S A M L
K X L T R A C E A D K I N S P
```

ARSENIO HALL
BILL RANCIC
CELEBRITIES
COMPETITION
CONTESTANTS
DONALD TRUMP
GAME SHOW
GEORGE ROSS
IVANKA TRUMP
JOAN RIVERS

JOHN RICH
KELLY PERDEW
KENDRA TODD
MAGNATE
MARK BURNETT
NEW YORK
PIERS MORGAN
REALITY TV
TRACE ADKINS
YOU'RE FIRED

```
S  L  M  Y  T  N  U  O  C  N  E  R  R  A  W
R  T  A  O  V  W  A  T  E  R  F  A  L  L  S
O  W  Y  Y  U  N  U  R  R  A  D  E  C  P  L
S  A  S  T  O  N  Y  M  A  N  T  R  A  I  L
E  Y  K  V  N  R  T  S  S  O  S  G  M  E  A
R  N  Y  O  E  U  T  M  J  H  E  N  P  G  F
I  E  L  V  V  Y  O  N  A  C  T  I  I  D  S
V  S  I  E  A  K  U  C  O  R  B  K  N  I  I
E  B  N  L  L  S  E  U  N  R  S  I  G  R  W
R  O  E  S  L  X  N  O  S  O  F  H  Z  E  E
R  R  D  L  E  T  O  U  N  R  S  E  A  U  L
Q  O  R  U  Y  H  A  W  K  S  B  I  L  L  T
L  A  I  N  I  G  R  I  V  X  T  S  D  B  L
C  C  V  K  R  A  P  L  A  N  O  I  T  A  N
G  R  E  E  N  E  C  O  U  N  T  Y  A  N  M
```

BLUE RIDGE
CAMPING
CEDAR RUN
FRONT ROYAL
GREENE COUNTY
HAWKSBILL
HIKING
LEWIS FALLS
MADISON COUNTY
MOUNT MARSHALL

NATIONAL PARK
PAGE COUNTY
ROSE RIVER
SKYLINE DRIVE
STONY MAN TRAIL
VALLEY
VIRGINIA
WARREN COUNTY
WATERFALLS
WAYNESBORO

```
G  A  T  R  L  X  J  I  N  I  D  U  O  H  O
H  S  L  L  O  D  D  N  A  S  Y  U  G  M  A
T  H  E  S  E  A  R  C  H  E  R  S  S  L  M
H  R  I  L  H  U  O  L  W  U  U  D  L  N  I
E  E  D  C  B  A  Z  D  X  H  L  A  E  E  S
B  A  N  S  I  A  N  Q  N  R  B  T  B  D  T
L  R  A  Y  S  N  T  E  S  O  L  P  O  E  E
O  W  G  P  L  E  A  E  U  S  H  G  R  F  R
B  I  N  L  C  F  F  T  T  O  E  W  E  O  R
Y  N  I  T  U  M  E  N  I  A  C  E  H  T  O
P  D  K  X  A  V  E  H  O  T  R  C  T  S  B
T  O  E  T  E  B  U  Y  T  C  Q  A  U  A  E
H  W  H  I  G  H  N  O  O  N  I  Z  P  E  R
T  Y  T  O  U  C  H  O  F  E  V  I  L  E  T
O  L  H  S  T  H  G  I  R  F  E  G  A  T  S
```

ALL ABOUT EVE
EAST OF EDEN
GUYS AND DOLLS
HIGH NOON
HONDO
HOUDINI
I CONFESS
MISTER ROBERTS
REAR WINDOW
SEPARATE TABLES

SHANE
STAGE FRIGHT
THE BLOB
THE CAINE MUTINY
THE FLY
THE KING AND I
THE ROBE
THE SEARCHERS
TITANIC
TOUCH OF EVIL

```
O D S T Z R T I O W R A A E Q
S Y W V S E S C A L A T O R W
R A P Y L H P C A S H I E R I
A E Z E O I F E U Q I T U O B
D E S P O Y A W K L A W R I L
X F S T T P G U S I U T T E S
I F T S A N L I L E C E B J F
X O N K L U U E V N H L Z E G
B C F I S E R O T S V T K W I
S E R J A S P A C D U U O E F
S D I O X G O T N S X O Y L T
V I T R W D R A C T I D E R C
P S S S A D Q A U V T D L Y A
U O Y S E B S D B A G S A S R
Y Q T L T L D P Q R P I S O D
```

BAGS
BARGAIN
BOUTIQUE
CASHIER
CLOTHES
COFFEE
CREDIT CARD
CROWDS
DISCOUNT
ESCALATOR

GIFT CARD
JEWELRY
OUTLET
PEOPLE
RESTAURANT
RETAILERS
SALE
SHOPS
STORES
WALKWAY

```
C R T Y T I N U M M O C Y K S
Z W G H H J I C W I R Y L U X
L R G T E F A M I L Y T I E S
E R P R C J Y U G Y L I M A F
N L Z U O E E T B V R C A X H
N W Z O S W C F N L U N F L A
A D J C B D I H F S F I N R P
E D A T Y S N N E E S P R I P
S O F H S R B E G E R S E G Y
O E W G H K F U I P R S D W D
R P X I O B J N R R A S O E A
A G X N W P F S R C F I M N Y
I X A T H E S I M P S O N S S
R P W P L K R A P H T U O S U
G K M D E C I F F O E H T T R
```

CHEERS

COMMUNITY

FAMILY GUY

FAMILY TIES

FRIENDS

GROWING PAINS

HAPPY DAYS

MODERN FAMILY

NEW GIRL

NIGHT COURT

ROSEANNE

SCRUBS

SEINFELD

SOUTH PARK

SPIN CITY

TAXI

THE COSBY SHOW

THE JEFFERSONS

THE OFFICE

THE SIMPSONS

182. Denzel Washington

```
R E M A G T O G E H R T S X M
T P M A N O N F I R E K A U J
V H D I R E C T O R H C P A O
A I E E T H G I L F S R T A F
Y L R H M F O E O E I I S O T
R A J T U J O H N Q F M O H N
I D D E U R K T I W E S X R P
R E E G S O R N U P N O M S W
U L J E N U S I Q O O N L D O
L P A I R I O I C I W T O F L
O H V S D T N H T A T I C L M
S I U E W L D I E Y N D L U L
M A M H N E L L A F A E A O P
S A I T R A C T O R A F M P P
N A O E L B A P P O T S N U T
```

ACTOR

ANTWONE FISHER

CRIMSON TIDE

DEJA VU

DIRECTOR

FALLEN

FLIGHT

HE GOT GAME

INSIDE MAN

JOHN Q

MALCOLM X

MAN ON FIRE

OUT OF TIME

PHILADELPHIA

SAFE HOUSE

THE HURRICANE

THE SIEGE

TRAINING DAY

UNSTOPPABLE

VIRTUOSITY

```
P A C A J J T W E U U M L N O
P D G H B M A P L Z O E E I D
Z S E O O G Q R G Z G U D W E
D M T E N P U D A R F Q N I T
R I J E W R I R R I F O A C O
S A R E C I T N A M O R H N J
L I B E E T H O V E N A A T O
I D L A V I V H V Y I B S R Y
S N I W H S R E G K N K E E A
Z A N R U H R E O G A L R B E
T L I M C D I V L S M O K U R
X N C T I S S A H O H I R H W
P I C G N K G S E C C Q L C E
D F U A Y K S N I V A R T S P
V R P K T P L R Y A R B I W B
```

BACH	ODE TO JOY
BAROQUE	PUCCINI
BEETHOVEN	RACHMANINOFF
CHOPIN	ROMANTIC ERA
ELGAR	SCHUBERT
FINLANDIA	STRAVINSKY
GERSHWIN	TCHAIKOVSKY
HANDEL	VERDI
LISZT	VIVALDI
MOZART	WAGNER

```
Z V E C T L N O R W A L K U X
H R W N U O V R U A I I U U O
S C M N E D I R E M R M T F D
N L I E I V Y S J A H E O T L
E O I W L A A R Y I O R R L E
V S D E N Q T H U M B O R D I
A D C N L E Q I W B P C I R F
H A H G O I E U R E R K N O R
T N E L T L G R G B N E G F I
S B S A S C W D G Y W Y T M A
E U H N I Y I E R N T E O A F
W R I D R R A A N W A R N T W
W Y R U B S I L A S D N P S P
M S E Y J R A S E E I U B A K
D R O F T R A H G P W K T W N
```

BRIDGEPORT
BRISTOL
CHESHIRE
DANBURY
FAIRFIELD
GREENWICH
HARTFORD
LIME ROCK
MERIDEN
NEW BRITAIN

NEW ENGLAND
NEW HAVEN
NEW LONDON
NORWALK
SALISBURY
STAMFORD
TORRINGTON
WATERBURY
WEST HAVEN
YALE

```
D  D  U  Y  N  C  S  N  T  Y  S  I  E  F  O
L  G  O  A  Z  O  S  A  E  R  R  G  L  S  T
P  V  O  R  N  O  T  M  Q  S  A  W  F  U  U
L  T  T  R  V  K  T  W  T  D  O  C  F  H  A
C  F  L  U  D  R  K  E  U  R  E  R  I  R  E
B  A  U  M  E  O  W  N  K  A  T  E  B  A  S
I  G  L  C  H  A  N  Y  A  W  B  P  U  M  H
G  X  H  M  R  U  G  Q  H  D  K  A  S  L  A
S  L  S  T  I  D  R  A  N  E  M  E  C  K  M
P  L  B  W  E  R  W  C  E  M  Q  W  H  C  L
Y  J  O  H  N  S  O  N  Z  T  R  A  H  I  I
R  I  W  G  A  U  N  L  E  T  H  E  S  V  N
I  K  Y  L  A  O  M  E  A  R  S  R  A  R  L
A  S  E  E  U  N  R  O  K  C  I  R  T  A  P
B  U  R  T  O  N  O  A  X  P  Y  Y  R  H  S
```

ALMIROLA	JOHNSON
AMBROSE	KAHNE
BIFFLE	KENSETH
BOWYER	LOGANO
BURTON	MCMURRAY
BUSCH	MEARS
EDWARDS	MENARD
GORDON	NEWMAN
HAMLIN	PATRICK
HARVICK	STEWART

```
N R H S A S T K A R A L C Q T
R A W L M I S S O U R I L A E
E U C L E W V U T A W S U H R
Y N F I Q C G I S W L T A L Q
W S R C R H T C L Y H N W T H
A D H O I E P U P O N Q X M I
S L A N H U M O R I S T B Z S
M E G N I G E A B E S K L U A
O I N E O P N A S X R Y S S M
T F I C J D L A T N H B T S U
M M D T H E G I L D E D A G E
S R D I S T A N R D I M Y Z L
L O E C O E A N A A M I E O G
O T R U P P G Q Z L L M A L J
Z S C T O T S S T S T M R L C
```

AMERICAN	LECTURER
AUTHOR	MISSOURI
CLARA	OLIVIA
CLEMENS	REDDING
CONNECTICUT	ROUGHING IT
HANNIBAL	SAMUEL
HUMORIST	STORMFIELD
JEAN	SUSY
LANGDON	THE GILDED AGE
LANGHORNE	TOM SAWYER

```
D E H T R A E N U P R R T M L
S C Q I H L Y R T N U O C E F
E H A K D E R E T S I L B L S
P T T L C C M I S I N G E R O
I U H G L A S A G Y B S T U A
R R E I B O L T T E H E A E R
T T R V S B V B H A N G K V L
S S A Z I I J E N E D O N E Y
T I M B X O L D R I B O G T W
O T B A A S B V J A N A R L E
G A L F D L O D E G G A R A T
I H E W O B N I A R S A M O E
F W R O E R I F F O G N I R N
R B D O X L D E N I A H C N U
V R O O S H K F W B T A S K C
```

ALL OVER AGAIN
BLISTERED
COUNTRY
FLESH AND BLOOD
GONE GIRL
I GOT STRIPES
KATE
MAN IN BLACK
ONEY
RAGGED OLD FLAG

RAINBOW
RING OF FIRE
SILVER
SINGER
THE BARON
THE MATADOR
THE RAMBLER
UNCHAINED
UNEARTHED
WHAT IS TRUTH

188. Herbivores

```
S K H A W W Z A S T P C Y A A
O L A F F U B L L A M A C S V
K O A L A K L U R L K P E W W
M K T Y Q N T R T W O Y K I I
K A N G A R O O M T N B O K L
C P A T W T P A R A E A T O V
C I H T T O N R O T S R A L W
U C P B R A R B E Z O A F U R
I U E B T C H I N C H I L L A
Z V L E B S K T P T W T S O Y
Y R E A K F B G I R A F F E L
C D S V D C F I A A E O X R F
V A R E A N U E T E O E G S Y
P O O R D L A O Q M A E D K H
T Z H B Z R A P S E S H Z A Q
```

BEAVER
BUFFALO
BUTTERFLY
CAPYBARA
CHINCHILLA
DEER
ELEPHANT
GIRAFFE
GOAT
HORSE

KANGAROO
KOALA
LLAMA
MANATEE
OKAPI
PANDA
PARROT
TORTOISE
YAK
ZEBRA

```
X  I  A  O  C  N  G  N  I  R  E  B  A  I  U
Z  O  R  S  U  U  O  S  Y  N  A  L  T  T  R
W  N  A  T  O  D  E  R  P  L  O  T  A  P  Y
L  I  P  B  A  S  K  P  T  W  J  R  A  M  N
A  A  W  E  N  R  A  I  R  H  A  C  O  T  C
B  N  O  Y  A  S  C  L  P  P  I  K  T  K  A
T  A  R  E  I  S  O  T  T  F  H  O  O  B  G
R  M  T  L  P  T  T  U  I  O  I  S  R  Q  I
P  A  C  L  S  J  D  C  T  C  N  S  W  D  P
T  D  Z  O  A  N  I  S  H  H  P  A  C  I  C
V  N  G  W  C  N  K  N  G  I  E  G  F  R  G
K  A  F  L  D  S  T  O  J  O  N  R  S  R  C
S  A  Y  I  C  A  R  I  B  B  E  A  N  M  D
J  O  A  E  G  E  A  N  C  C  Y  S  R  P  U
S  N  U  A  S  F  L  T  C  P  A  K  T  K  R
```

AEGEAN	IONIAN
ANDAMAN	KORO
ARCTIC	NORTH
ATLANTIC	OKHOTSK
BALTIC	PACIFIC
BERING	RED
CARIBBEAN	SALTON
CASPIAN	SARGASSO
EAST CHINA	SOUTHERN
INDIAN	YELLOW

190. The White House

```
A  S  G  N  A  B  O  H  S  E  M  A  J  H  J
E  C  I  F  F  O  L  A  V  O  S  K  N  J  L
T  C  N  T  G  M  M  A  P  R  O  O  M  K  M
W  R  A  E  D  L  A  Q  I  U  U  E  P  T  O
E  V  U  L  O  S  I  N  U  R  T  A  A  N  O
S  A  S  M  P  C  A  B  S  K  H  T  O  E  R
T  E  S  T  A  K  L  N  R  I  P  O  F  D  Y
W  E  D  T  A  N  R  A  D  A  O  T  U  I  T
I  Y  L  A  W  T  B  O  S  S  R  N  O  S  A
N  N  A  L  N  I  E  A  W  S  T  Y  U  E  E
G  B  Q  R  H  N  N  F  L  L  I  O  A  R  R
S  N  A  V  X  L  O  G  L  C  C  C  N  P  T
S  V  E  R  M  E  I  L  R  O  O  M  A  E  S
E  H  B  L  U  E  R  O  O  M  O  N  V  L  R
N  M  O  O  R  A  N  I  H  C  U  R  Y  V  S
```

BLAIR HOUSE	OVAL OFFICE
BLUE ROOM	PRESIDENT
CHINA ROOM	SANDSTONE
COLONNADES	SOUTH PORTICO
EAST WING	STATE FLOOR
JAMES HOBAN	TREATY ROOM
LIBRARY	TRUMAN BALCONY
MANSION	VERMEIL ROOM
MAP ROOM	WEST WING
NEOCLASSICAL	WORKPLACE

```
U T M Y T Y R R E P E S E Y B
D L H I A E R O I L B T K S N
S I G C L F C L S J E R U I S
S O R L H R F I C S O S D I P
N B E D K A G U N T H E R U I
H G E P M R N X B A P I O W T
C Y N E R A O D R C J L W P Z
T M O N I C A Y L A Z R T D R
A S T N C V H S W E T A A S W
S U S C H W I M M E R H R L W
D Y I A O L E B L A N C K N O
B G N I B Y O E W U I S Q P U
N R A C H E L I A T A C A O L
G T A A P O S G R S I S Q S X
S P B Q L J F M P I O N O U J
```

ANISTON	JOEY
BING	KUDROW
BUFFAY	LEBLANC
CHANDLER	MONICA
CHARLIE	NEW YORK
COX	PERRY
GELLER	PHOEBE
GREEN	RACHEL
GUNTHER	ROSS
JANICE	SCHWIMMER

```
T E M A G Y P S S V S M E C R
F M F U H E G A M I E H T U B
A D T I N A C I X E M E H T U
I L S R L P T I T W M O W T L
N R T B U F T J W O Y E M I C
R O T A C E O O N T L E W N T
O W F B Y E R E R V G T Z G H
F L L E B L Y O E A X R R C G
I O X L D B H M M R G O S L I
L O A W A J O I G A T Y T A F
A C A L L N N P C C N E T S K
K R L P K D V F A B Y C H S W
Z O C E A N S T W E L V E T H
N Y Y A J O H N N Y S U E D E
B S L E E P E R S G J S R O I
```

ACTOR
BABEL
COOL WORLD
CUTTING CLASS
FIGHT CLUB
JOHNNY SUEDE
KALIFORNIA
MEET JOE BLACK
MEGAMIND
MONEYBALL

OCEAN'S TWELVE
SLEEPERS
SPY GAME
THE IMAGE
THE MEXICAN
THE TREE OF LIFE
TROY
TRUE ROMANCE
TWELVE MONKEYS
WORLD WAR Z

```
L X U S R N I T P R O P P C
P M E U I U A P A P K T H H E
U E P I G A L Y R C T E I Q L
N G W E T A A G A J C N N R E
P R A N I T N E G R A U D Y S
R R P G U L L D U S M S I R A
Q R I L T U P A A A B M A P R
C B R A Z I L E Y U O E A T Y
N Y U N I E Y N D R D X S H F
T E A D U S E M O N I A E A N
Z J D W O O S C Q C A A Q B W
T S A E R R C U N R I L T K I
P E N P W O S R R A E X O M I
E V A U A S N E E T R R E P A
F F C R F N F P R J S F I M L
```

ARGENTINA	KENYA
BRAZIL	MEXICO
CAMBODIA	MOROCCO
CANADA	NORWAY
CHINA	PARAGUAY
EGYPT	PERU
ENGLAND	POLAND
FRANCE	RUSSIA
INDIA	SWEDEN
JAPAN	UGANDA

```
E N E W S A L E M R O Q M A W
B W Y O W T Z A O J U E L U A
F O R T Y A T E S G R U C E H
T T R T I O R R U C R N K M P
L S P N F C F W E L P A E S E
S E P O O O Y R P N L D F K T
M M S T X S R E F S O N R S O
Q A L S A K N V L R X A W E N
I J A I P S C I A L T M R T O
X M V L P S V R K S A V R C T
S Y L L M E Y D A C V V A T F
Z O C I D Y O E R M I S R B A
D F N W R T U R P N S D R R R
Y O H I A W W K X H I I O E G
T F O P W H G I E L R U B Y U
```

BISMARCK
BURLEIGH
CASS
DEVILS LAKE
DICKINSON
FARGO
FORT YATES
GRAFTON
JAMESTOWN
MANDAN

MEDORA
MERCER
MINOT
NEW SALEM
RED RIVER
STARK
VALLEY CITY
WAHPETON
WARD
WILLISTON

195. Macaques

```
T G K W A A M O E L S R Y T L
O O D P L T A W P K T K M T N
U P E N A F S T Q C U L C D U
O V L A B G S O R O M R S E H
L P I T A U A A T R P T O T H
A F A E R U B I P N T L D O D
T I T B B E I P I A A A J O M
N B N I A C D U G S I H A B F
O S O T R O R R T O L C P A G
R A I N Y R R S A M E A A H Y
O N L B N H Y E I R D N N S L
G S X P E E A I L O S U E D L
M L O S U R T P E F S R S J T
S A U T O Q U E D T P A E Y E
O S E V S M H T O N K E A N S
```

ARUNACHAL
ASSAM
BARBARY
BONNET
BOOTED
CRAB-EATING
FORMOSAN ROCK
GORONTALO
HECK'S
JAPANESE

LION-TAILED
MOOR
PAGAI ISLAND
PIG-TAILED
RHESUS
SIBERUT
STUMP-TAILED
TIBETAN
TONKEAN
TOQUE

196. Oregon

```
P K U J R Y E K F H X G W T S
A H L A E T S S N R F U Z L R
M S H R K R C A T O S X V S K
O A T E A I I O U T B A C K R
U L S O L L E N E G U E A O O
N E C R R L M G T D L S G R S
T M O J E I S J R I H U E N E
H A R S T U A C L L E G A O G
O V V S A M D O A V O K O T A
O C A R R L F N A N E C N R R
D O L D C A D L C R Y V B E D
C U L U L K L I I Q G O E V E
R P I L S E T V Z S U A N A N
D A S S Y Y E Z D R O F D E M
O U R P O R T L A N D F E B P
```

ASHLAND
ASTORIA
BEAVERTON
BEND
CELILO FALLS
COAST
CORVALLIS
CRATER LAKE
EUGENE
HELLS CANYON

MEDFORD
MOUNT HOOD
OREGON CITY
OUTBACK
PORTLAND
ROGUE VALLEY
ROSE GARDEN
SALEM
SNAKE RIVER
TRILLIUM LAKE

```
D N E R W S U T C A C C W R O
H C N I F D L O G U F I E M A
C E E O D R I B E U L B O E K
N S R S O K O P M D L C E S R
I L W M U L F R T Q K L P R A
F A A Q I O N U I I I A H O L
E N N R P T R O N O O A E A W
L I I S K K T G M D L T A D O
P D L C E B B H D M X E S R D
R R O Y C I U P R E O N A U A
U A R P R O S N I U F C N N E
P C A D N O A M T A S F T N M
Y K C U D D O O W I Y H U E U
P R A N A C I L E P N W O R B
T S E E D A K C I H C G K G I
```

BLUEBIRD

BROWN PELICAN

CACTUS WREN

CARDINAL

CAROLINA WREN

CHICKADEE

COMMON LOON

GOLDFINCH

GULL

HERMIT THRUSH

LARK BUNTING

MEADOWLARK

MOCKINGBIRD

ORIOLE

PHEASANT

PURPLE FINCH

ROADRUNNER

RUFFED GROUSE

WILD TURKEY

WOOD DUCK

198. Bruce Springsteen

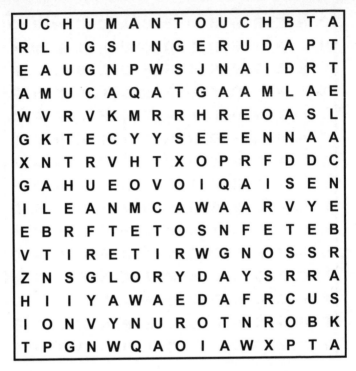

```
U C H U M A N T O U C H B T A
R L I G S I N G E R U D A P T
E A U G N P W S J N A I D R T
A M U C A Q A T G A A M L A E
W V R V K M R R H R E O A S L
G K T E C Y Y S E E E N N A A
X N T R V H T X O P R F D D C
G A H U E O V O I Q A I S E N
I L E A N M C A W A A R V Y E
E B R F T E T O S N F E T E B
V T I R E T I R W G N O S S R
Z N S G L O R Y D A Y S R R A
H I I Y A W A E D A F R C U S
I O N V Y N U R O T N R O B K
T P G N W Q A O I A W X P T A
```

BADLANDS

BORN TO RUN

COVER ME

FADE AWAY

GLORY DAYS

HUMAN TOUCH

HUNGRY HEART

I'M ON FIRE

LUCKY TOWN

MAGIC

MY HOMETOWN

NEBRASKA

POINT BLANK

SAD EYES

SINGER

SONGWRITER

SPARE PARTS

THE RISING

THE RIVER

WAR

```
T S R T B R A Z I L A D U R S
B U I L R W A G T H E D O G S
E A T H N A Y G A O X I S S S
N M L H T U E A I N I N O R E
T H E D E E R H U N T E R E L
I O T A N F Z T L A G X I P T
T N O X N A A Y H E T B B E I
R I M H Q S L N L G G U U E M
K S V H E A T P K A I N F L I
J A C K I E B R O W N N A S L
U C L O Y K I C E C E A D U D
J T A X I D R I V E R A J I J
S O C U S E V R Y H T T E S M
T R G O O D F E L L A S A D D
R Q A N A S G A S O A N E K A
```

ACTOR
ANALYZE THIS
ANGEL HEART
BRAZIL
CASINO
COP LAND
GOODFELLAS
HEAT
JACKIE BROWN
LIMITLESS

MEAN STREETS
MIDNIGHT RUN
MOTEL
RAGING BULL
RONIN
SLEEPERS
TAXI DRIVER
THE DEER HUNTER
THE FAN
WAG THE DOG

```
A L X C R S R L F M T Q H Y G
S H E M A T V O T U M R I A A
A I B U O M F E D O S A L U P
P D N T U N P K R A L W M N J
A A Z A C A T E C A S W A E E
I L T B L U L E C A C Y O C B
H G T A D O Z X R H A R A U T
C O P S S A A P F R E T U U A
D R R C P L N X I W E B T Z S
U D L O T R A T A P V Y L A S
R L P L J I U I E C U Q L C O
A A E I A H J C L J A E S B N
N T C M H S I N A P S L B P O
G Q A A O S T V T N I P U L R
O R T R O P U V P O R V A E A
```

CAMPECHE
CHIAPAS
COLIMA
DURANGO
ECATEPEC
HIDALGO
MONTERREY
MORELOS
NAYARIT
OAXACA

PUEBLA
SINALOA
SONORA
SPANISH
TABASCO
TIJUANA
TLAXCALA
VERACRUZ
ZACATECAS
ZAPOPAN

```
A  S  L  Q  S  J  T  L  F  R  C  F  A  I  M
S  N  O  W  B  I  R  D  B  Q  S  L  L  C  N
W  I  N  T  E  R  P  A  R  K  M  B  S  T  O
O  S  O  L  I  T  U  D  E  C  I  B  S  H  T
D  W  H  T  X  X  H  L  Q  G  R  Q  I  E  H
A  O  T  X  P  Y  R  E  S  E  U  T  L  Q  G
E  L  O  H  N  O  S  K  C  A  J  L  V  H  I
M  F  M  F  X  W  Y  K  W  A  U  W  E  E  R
E  C  M  O  X  G  E  V  S  R  N  A  R  A  B
N  R  A  P  T  N  A  P  I  V  S  Y  T  V  T
I  E  M  P  R  L  E  D  N  A  U  A  O  E  S
P  E  E  I  L  N  E  Z  B  I  T  T  N  N  Y
L  K  D  E  E  R  V  A  L  L  E  Y  S  L  S
A  G  Y  T  I  C  K  R  A  P  U  D  A  Y  S
E  T  S  P  C  I  U  L  E  T  D  T  Y  O  S
```

ALPINE MEADOWS
ALTA
ASPEN
BIG SKY
BRECKENRIDGE
BRIGHTON
DEER VALLEY
HEAVENLY
JACKSON HOLE
MAMMOTH

PARK CITY
SILVERTON
SNOWBIRD
SOLITUDE
SQUAW VALLEY
TELLURIDE
THE CANYONS
VAIL
WINTER PARK
WOLF CREEK

```
T P A S A U V U R Q O U S R H
S E J B U S F Y P R S H T U L
A O S W G R E L A D N E L G R
G R S V Q R P M A P A C H E O
U I H T R P A R A G I I O L C
A A L P R R E N I E S O E L C
R S L B I E L A D S T T O C S
O A M C E C U L R C E R A Z F
S L O L O R E L D N A H C F J
O P H I T P T P H O E N I X F
A I A F H H R X Z W Z X Y D T
Y N V T S R E N R O C R U O F
T E E O X Y Z R J O J A V A N
W D I N O S C U T E M P E S H
H T S T O R I R T U T Z H P B
```

ALPINE	MESA
APACHE	MOHAVE
CHANDLER	NAVAJO
CLIFTON	PEORIA
FLAGSTAFF	PHOENIX
FOUR CORNERS	SAGUARO
GILBERT	SCOTTSDALE
GLENDALE	SURPRISE
GRAND CANYON	TEMPE
MARICOPA	TUCSON

```
X C O Q H S D X O U P C S S T
A A U I A W D S B E G A B K H
S M D L R A R U B I T P L E N
X R M O L A B O L R L S S N L
T O B G R I P L T W L V A I F
N W A B J Y N T U A A W B L L
R D I O V E L G O R T D O P O
S D T O T S H F W T A N E O A
B A C K W A T E R O G S W R T
K Z A I P E S E I L F L U D S
I I S H E L L F I S H E T P N
R G T W R E I N K T C E O S O
O B I R R E A C N A R P U O
C P N L B S X J T A T T X R P
X O G N I G G I J L R U T U S
```

BACKWATER
BAIT CASTING
CULLING
DROPLINE
FLIES
FLOATS
FLY ROD
GILLNET
JIGGING
LOGBOOK

LONGLINES
REELS
RELEASE
SALMON
SHELLFISH
SPOONS
SPORT
TAG
WADERS
WORM

```
J  H  E  E  V  R  L  M  B  P  Y  U  X  H  O
E  G  T  S  Q  Q  R  M  S  O  B  P  C  U  G
I  T  R  I  O  E  U  F  M  D  Q  Z  S  N  C
L  N  T  T  D  R  H  S  Q  O  P  J  E  S  P
R  E  H  C  T  U  K  O  I  P  C  P  L  L  K
A  D  A  O  A  F  J  O  R  Z  N  I  B  O  R
H  L  R  M  A  L  I  B  U  B  R  J  O  L  Z
C  A  P  Q  P  Z  A  J  A  K  E  G  K  R  L
A  W  E  V  E  L  Y  N  O  T  H  S  A  W  E
E  B  R  M  R  R  G  S  Y  U  G  R  N  S  L
B  A  E  X  N  U  O  M  D  D  E  Y  D  T  U
Z  B  Y  R  S  E  N  O  J  R  A  E  I  O  W
Z  I  R  E  T  O  E  O  S  R  F  H  S  S  R
X  J  C  E  Y  A  I  H  A  M  R  Y  X  S  P
K  R  T  K  H  S  H  P  S  S  P  Z  W  E  U
```

ALAN	JAKE
ANGUS	JONES
ASHTON	JUDITH
BEACH	KANDI
BERTA	KUTCHER
CHARLIE	MALIBU
CRYER	ROSE
EVELYN	SHEEN
HARPER	SITCOM
HERB	WALDEN

```
R V D S B I M U M R S A H F R
I S R S R A B T S Y O B W O C
S F R I T R S T O I R T A P F
A A T A O N E A E I T S A E I
I L S N Z E A U G L J N S V S
N C C O L T S I S A T E F O G
T O X E Q L T E G H B V T I U
S N R E V T K U E E L A I M A
Z S P A R T A R N A E R T I T
P A C K E R S G N I K I V S R
H J E T S B A N R O T Z S T O
O O E A G L E S W A B S I L T
V A C O S D I A N O R Y R Y W
A C O L I O N S R B R A S A G
P W E D N Z T V Z S L B Z Z B
```

BEARS	JETS
BENGALS	LIONS
BRONCOS	PACKERS
BROWNS	PANTHERS
COLTS	PATRIOTS
COWBOYS	RAVENS
EAGLES	SAINTS
FALCONS	STEELERS
GIANTS	TITANS
JAGUARS	VIKINGS

```
F O X X N D A S X W K B U S T
H R P R G I H E W C H F L G I
S E I N F E L D A V I D S N Y
K H R M A U C R K W K T Y T G
C A A O A M E N A C O V X X V
I M S L Y L X Q E C O S B Y P
H I N N L R E Q I R C R P T E
T O A U E E P R Q L W S H X N
K I E T Z D N U S T L A W S O
U R O R I E C R Y S T A L H L
R Q I T X J J K S H O B M L L
D U D T R G O R D P P R A D A
E I A L S J G S S G H R C N F
E X T X O C I S W L S O U Z S
Y S O S H R T P C Y T Z Q M A
```

ALLEN	FOXX
ANSARI	HICKS
CARELL	LAWRENCE
CARLIN	MAC
COOK	MAHER
COSBY	MURPHY
CROSS	OSWALT
CRYSTAL	PRYOR
DAVID	ROCK
FALLON	SEINFELD

207. Members Of Congress

```
X U U Q O S A L B I R B U H I
E X W F L V R H A Y D E N T B
Q T L S U O O T K C S N K A L
E L P M O S V J B L I N K B T
A C N O S I L L A Y U E U A X
R W I R A R D S A C N T Z S N
O E H R A G W T I N K T J R O
T R L I P Y E L E M T S Z E L
N R R L T S B D Q P R S O Y V
A U I L E T Y U A E W A A N K
T I R E Y C E T R R J L A O I
T P E G U M M N T N S G O C T
P T O N O A T A E F E L P T T
Y T V I N S O N I K Z H S A R
B Y R D I T E A M T V P U T P
```

ALLISON

BENNETT

BYRD

CELLER

CONYERS

DINGELL

GLASS

HAYDEN

INOUYE

JACKSON

KENNEDY

MORRILL

PATMAN

POAGE

PRICE

RAYBURN

SABATH

VINSON

WHITTEN

YATES

```
S S E N O T S E R C Z E R R W
N O S L I W T K E T I S A S F
A B L A V M B L E B P E W R L
V R I P M K B T L A L G O L O
E T N L R E O A N K E N I M U
T U C A R N N I M H T A O V I
R M O T R C S O H R R R H I A
Y T L A A H U J A D A A D C K
A N N P P N R N R I R R A E R
L G E E T O G I N V W B K B R
E A A A C E V E A N T E R O A
K K I K I E L R O I U L S A D
S N I L R A D G D L T U N Q I
S E Q O K N S S T B U C D Z S
S K A E P E L T S A C S O L I
```

ANTERO	HARVARD
BLANCA PEAK	LA PLATA PEAK
CASTLE PEAK	LIARD RIVER
CRESTONES	LINCOLN
CULEBRA RANGE	MORAINE LAKE
ELBERT	ROCKIES
ELK MOUNTAINS	SPANISH PEAKS
EOLUS	TETON RANGE
EVANS	WILSON
FRONT RANGE	YALE

```
L Z K D O O W Y N N E K D X L
M A G I C M O U N T A I N A W
A N K D N A L O G E L N A S B
G I A E S G S K A G Y G L S U
I M C K C E S T L I R S R L S
C A H E R O A D L E S I O E C
K L S K D A M W O E V S T B H
I K A R U A P P O M P L A E G
N I L U J K R Y O R I A G O A
G N P G T O C P E U L N R N R
D G S I O Y O Y O H N D I K D
O D N S G A L F X I S C C O E
M O U T R F R A J R N R E Z N
D M S R A G I N G W A T E R S
R D I S N E Y L A N D E G H R
```

ANIMAL KINGDOM
BUSCH GARDENS
CASTLE PARK
CEDAR POINT
DISNEYLAND
EPCOT
GATORLAND
HERSHEYPARK
KENNYWOOD
KINGS DOMINION

KINGS ISLAND
KNOEBELS
LAKE COMPOUNCE
LEGOLAND
MAGIC KINGDOM
MAGIC MOUNTAIN
RAGING WATERS
SEAWORLD
SIX FLAGS
SUNSPLASH

```
S K U S S E P S I A Q W A S S
O B R E I E N L R O S U U I E
C O L O R A D O T R A E D I S
E A K A U A U C K J O A T E P
P Y A U O S E N E U N K V R E
M E E S S E N N E T Y O O R H
R L Z A S K T A A E I S P T E
I L O H I O O A K I R H I U L
O O A R M D U K R E D G W H A
G W U D S J A O W K A A J D L
R S M C O L U M B I A P N I C
A T T N Z A O U O I M N H A F
N O R R A M I C C T C T S E C
D N A L R E B M U C L E E A D
E E A R B S G S A B J A M E S
```

ARKANSAS

BRAZOS

CANADIAN

CIMARRON

COLORADO

COLUMBIA

CUMBERLAND

GREEN

JAMES

KUSKOKWIM

MISSOURI

OHIO

PECOS

RED

RIO GRANDE

SNAKE

TENNESSEE

WHITE

YELLOWSTONE

YUKON

```
L I R B M E H S O M V T P Y L
C W Y R R A A S J F A V O A B
C I Y G R E N E T E R F B E L
G U A M O F P H Y S I C S L E
Q R M T O L K H E P A N E E V
D Z A Y C N O P T T B P R M V
C Q T V T N O I T U L O V E R
H S T P I C Y R B S E O E N C
E C E A S T E S T T U B E T S
M I R E R A Y R E S E A R C H
I T L W U Y T A T T A A F O D
S E L C I T R A P U T L D Y A
T N U P U F O A D O Q H E N I
R E L U C E L O M S B J Z D L
Y G H I T O E A B I G U E L G
```

ASTRONOMY

ATOM

BIOLOGY

CHEMISTRY

DATA

ELEMENT

ENERGY

EVOLUTION

GENETICS

GRAVITY

LAB

MATTER

MOLECULE

OBSERVE

PARTICLE

PHYSICS

RESEARCH

TELESCOPE

TEST TUBE

VARIABLE

```
M B Y E S T A R U I K X H T D
I L F O S T G I E F X E P V K
D F A A X A E L D N A H R A J
F A S T B R E A K D Q F I P W
I R P I I B R R M C C A B H L
E E M T F Q B R C S E C G E O
L L A B D N U O R G P E U L P
D E L B O W P A D S R O A M U
L A C N C O A Q A Y O F R E C
I S L A C W D J V P C F D T O
N E E K A R D T N Q L H Q T K
E I E V P S I G N I R A E L C
N T I Z O U N N T I P W Y C R
R A E C T L G R N E T Y E O K
X O R E P R G B Q I S K K R N
```

BODY CHECK
CLAMP
CLEARING
CREASE
ELBOW PADS
FACE-OFF
FAST-BREAK
GLOVES
GROUND BALL
HANDLE

HEAD
HELMET
MIDFIELD LINE
PADDING
PLAY ON
POCKET
RAKE
RELEASE
RIB GUARD
TEAM SPORT

```
G N A G I H C I M E K A L Z Y
R E L R W P H K M C R A I O T
A U A E G O I R U O A M N W I
N R K W C O C A E O P N C I C
T E E O S L A P S K M A O N D
P V S T I O G E U C U V L D N
A I H S O G O G M O I Y N Y O
R R O I N A R A D U N P P C C
K T R L I C I T L N N I A I E
L E E L L I V R E T E E R T S
J M D I L H E O I Y L R K Y Q
C U R W I C R P F V L W A V M
E L I M T N E C I F I N G A M
T A V R B U R N H A M P A R K
B C E J A C K S O N P A R K H
```

BURNHAM PARK
CALUMET RIVER
CHICAGO LOOP
CHICAGO RIVER
COOK COUNTY
FIELD MUSEUM
GRANT PARK
ILLINOIS
JACKSON PARK
LAKE MICHIGAN

LAKE SHORE DRIVE
LINCOLN PARK
MAGNIFICENT MILE
MILLENNIUM PARK
NAVY PIER
PORTAGE PARK
SECOND CITY
STREETERVILLE
WILLIS TOWER
WINDY CITY

```
Q D B S E L D E E N E H T P I
S G Y A E S M E S A S E C J R
S R R Y V T N B O T U R A O B
S E E I Y I T O M I P T T T I
X E L V W T K U Y O H R A Q G
O N L O I Y C E B N E T R H D
E R A T H R U E S A A O A A R
Z I G T P T O M Z L V C C W O
A V T U I M O D T P A A T C P
M E A I Y A S P A A L F C L R
E R E I B M R U U R D N A O A
H C R A D I U R D K O P N C P
T Q G W H I T E R I M L Y O I
W A Q W A R A R C H E S O J D
K C O R R E P A P S W E N C S
```

ARCHES
BIG DROP RAPIDS
BUTTES
CANYONS
CATARACT CANYON
COLORADO RIVER
DRUID ARCH
FALSE KIVA
GREAT GALLERY
GREEN RIVER

MESAS
MOAB
NATIONAL PARK
NEWSPAPER ROCK
POTHOLES
THE MAZE
THE NEEDLES
UPHEAVAL DOME
UTAH
WHITE RIM

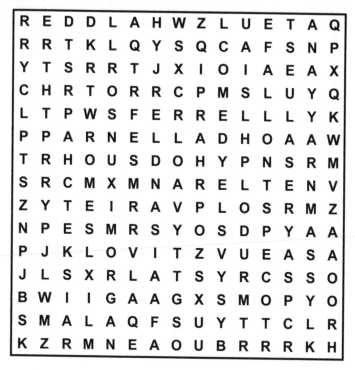

```
R  E  D  D  L  A  H  W  Z  L  U  E  T  A  Q
R  R  T  K  L  Q  Y  S  Q  C  A  F  S  N  P
Y  T  S  R  R  T  J  X  I  O  I  A  E  A  X
C  H  R  T  O  R  R  C  P  M  S  L  U  Y  Q
L  T  P  W  S  F  E  R  R  E  L  L  L  Y  K
P  P  A  R  N  E  L  L  A  D  H  O  A  A  W
T  R  H  O  U  S  D  O  H  Y  P  N  S  R  M
S  R  C  M  X  M  N  A  R  E  L  T  E  N  V
Z  Y  T  E  I  R  A  V  P  L  O  S  R  M  Z
N  P  E  S  M  R  S  Y  O  S  D  P  Y  A  A
P  J  K  L  O  V  I  T  Z  V  U  E  A  S  A
J  L  S  X  R  L  A  T  S  Y  R  C  S  S  O
B  W  I  I  G  A  A  G  X  S  M  O  P  Y  O
S  M  A  L  A  Q  F  S  U  Y  T  T  C  L  R
K  Z  R  M  N  E  A  O  U  B  R  R  R  K  H
```

COMEDY

CRYSTAL

FALLON

FARLEY

FERRELL

FEY

FORTE

LOVITZ

MORGAN

MURPHY

MYERS

PARNELL

POEHLER

ROCK

RUDOLPH

SANDLER

SKETCH

SPADE

VARIETY

WIIG

```
S S R H A R V A R D S Q H S S
S U R O N R E V O G R T R K T
S U P Y R M C H V J O Y T N I
F Z E A A E C H S Y H A Y A M
A X J B N D Z O I R T S B B R
O P V R N A C I L B U P E R E
U R W E T L M R R U A S M I K
Q E Z T H O E A A P M L F A R
O S P S E F Q H C U L B D F O
U I Z Y O H U E T A A E I E Y
I D E O D O E G U E N A B A W
S E W F O N N E C I L A Y O E
L N A I R O T S I H I A L I N
Y T S O E R I F B S H F E E A
M K J E O I N G Y P I Y U S P
```

ALICE
ARCHIBALD
AUTHOR
COLUMBIA
ETHEL
FAIRBANKS
GOVERNOR
HARVARD
HISTORIAN
KERMIT

LEE
MEDAL OF HONOR
NEW YORK
NOBEL PRIZE
OYSTER BAY
PANAMA CANAL
PRESIDENT
QUENTIN
REPUBLICAN
THEODORE

217. The Beach Boys

```
E  I  R  A  F  A  S  N  I  F  R  U  S  O  A
P  U  E  N  E  L  I  M  S  Y  E  L  I  M  S
E  Q  U  U  I  L  R  A  J  P  M  S  Z  O  D
U  S  Q  W  R  S  G  I  A  A  I  A  Q  K  N
I  U  K  P  L  U  I  F  G  G  R  T  R  O  U
T  D  W  P  O  M  K  U  E  R  O  D  T  K  O
X  H  I  U  V  M  C  T  R  A  E  S  I  Z  S
S  O  L  S  E  E  A  V  E  C  N  F  L  N  T
W  L  D  F  Y  R  B  U  W  H  L  D  R  W  E
O  L  H  R  O  L  A  I  O  U  Z  L  I  U  P
X  A  O  U  U  O  H  J  L  L  U  P  I  H  S
C  N  N  S  V  N  C  R  F  X  E  P  M  T  B
A  D  E  J  A  G  T  F  N  O  S  L  I  W  S
A  J  Y  L  Q  X  E  I  U  U  S  M  J  Y  M
T  I  Y  J  O  A  G  T  S  D  N  E  I  R  F
```

ALL SUMMER LONG
FRIENDS
GETCHA BACK
HOLLAND
I GET AROUND
JARDINE
JOHNSTON
KOKOMO
LOVE YOU
MARKS

PET SOUNDS
SMILEY SMILE
STILL CRUISIN'
SUNFLOWER
SURF'S UP
SURFER GIRL
SURFIN' SAFARI
WILD HONEY
WILSON
WIPE OUT

219

Solutions

Puzzle 1

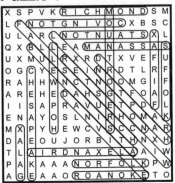

Puzzle 2

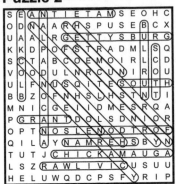

Puzzle 3

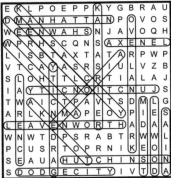

Puzzle 4

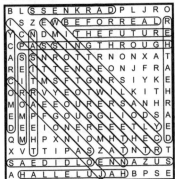

Puzzle 5

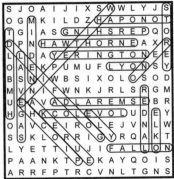

Puzzle 6

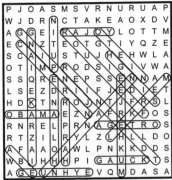

Solutions

Puzzle 7

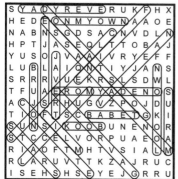

Puzzle 8

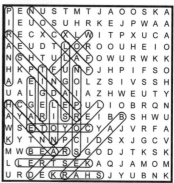

Puzzle 9

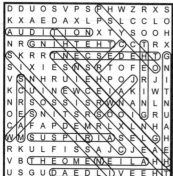

Puzzle 10

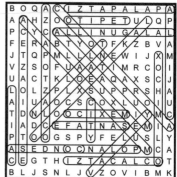

Puzzle 11

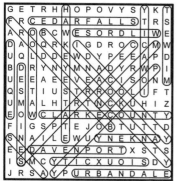

Puzzle 12

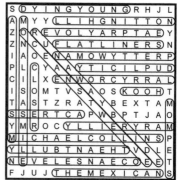

Solutions

Puzzle 13

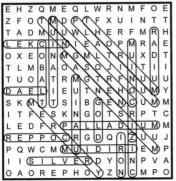

Puzzle 14

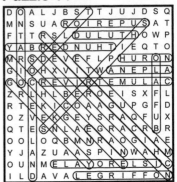

Puzzle 15

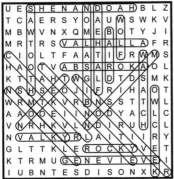

Puzzle 16

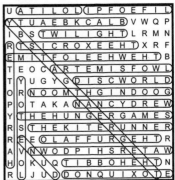

Puzzle 17

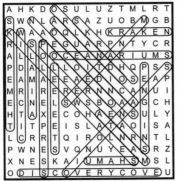

Puzzle 18

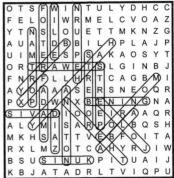

Solutions

Puzzle 19

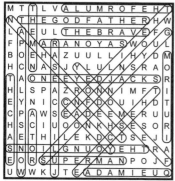

Puzzle 20

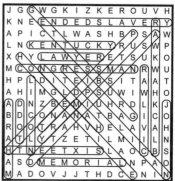

Puzzle 21

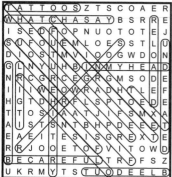

Puzzle 22

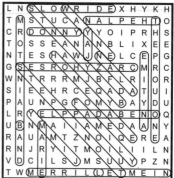

Puzzle 23

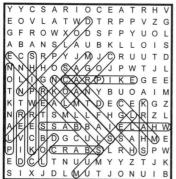

Puzzle 24

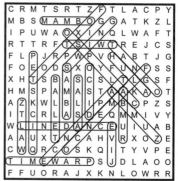

223

Solutions

Puzzle 25

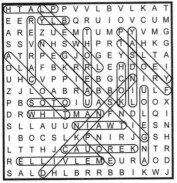

Puzzle 26

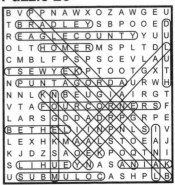

Puzzle 27

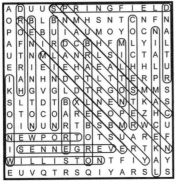

Puzzle 28

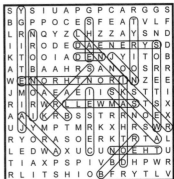

Puzzle 29

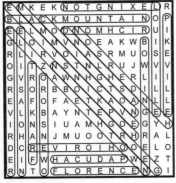

Puzzle 30

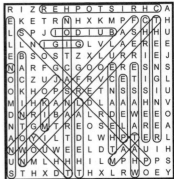

Puzzle 31

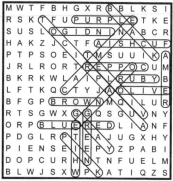

Puzzle 32

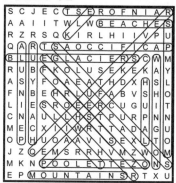

Puzzle 33

Puzzle 34

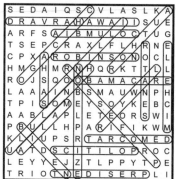

Puzzle 35

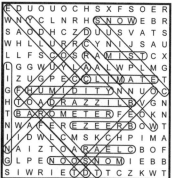

Puzzle 36

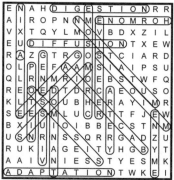

Solutions

Puzzle 37

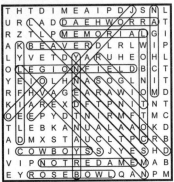

Puzzle 38

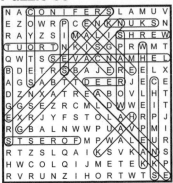

Puzzle 39

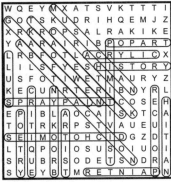

Puzzle 40

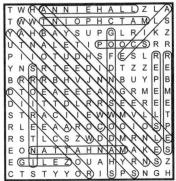

Puzzle 41

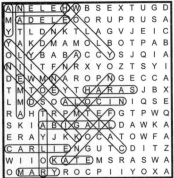

Puzzle 42

Solutions

Puzzle 43

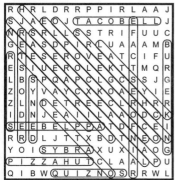

Puzzle 44

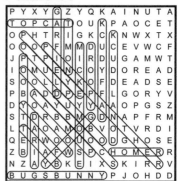

Puzzle 45

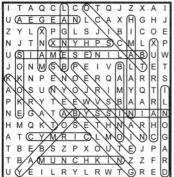

Puzzle 46

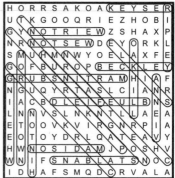

Puzzle 47

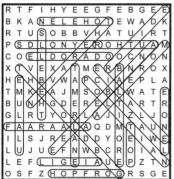

Puzzle 48

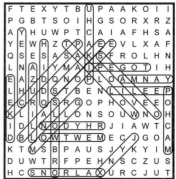

Solutions

Puzzle 49
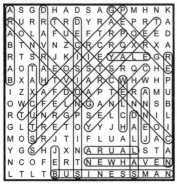

Puzzle 50
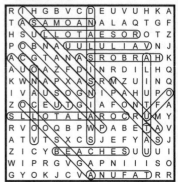

Puzzle 51
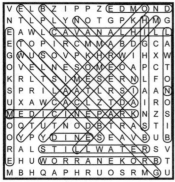

Puzzle 52
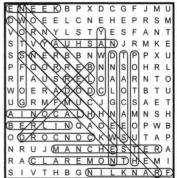

Puzzle 53
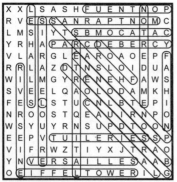

Puzzle 54
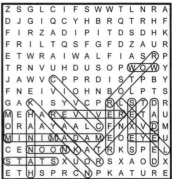

Solutions

Puzzle 55

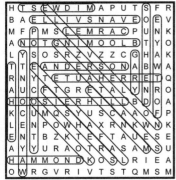

Puzzle 56

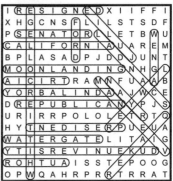

Puzzle 57

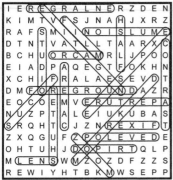

Puzzle 58

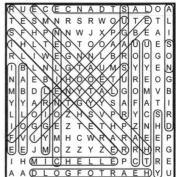

Puzzle 59

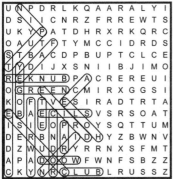

Puzzle 60

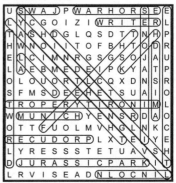

Solutions

Puzzle 61

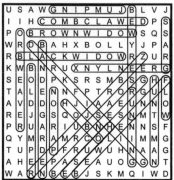

Puzzle 62

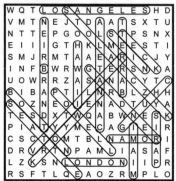

Puzzle 63

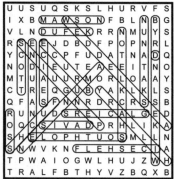

Puzzle 64

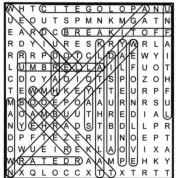

Puzzle 65

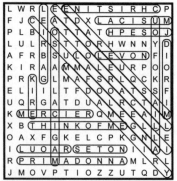

Puzzle 66

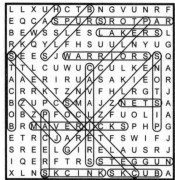

Puzzle 67

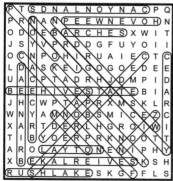

Puzzle 68

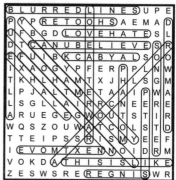

Puzzle 69

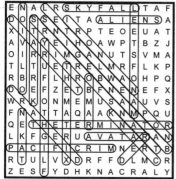

Puzzle 70

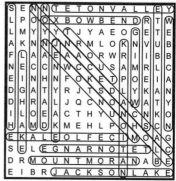

Puzzle 71

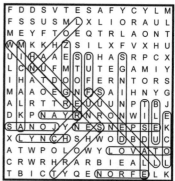

Puzzle 72

Solutions

Puzzle 73

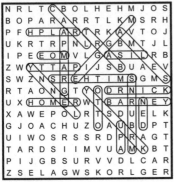

Puzzle 74

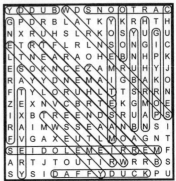

Puzzle 75

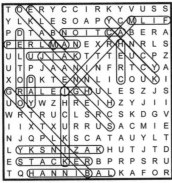

Puzzle 76

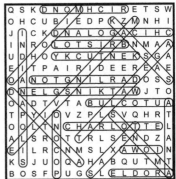

Puzzle 77

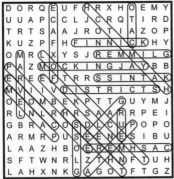

Puzzle 78

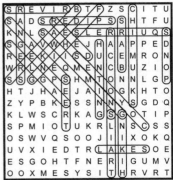

Puzzle 79

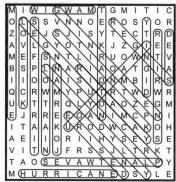

Puzzle 80

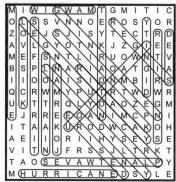

Puzzle 81

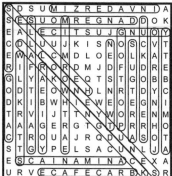

Puzzle 82

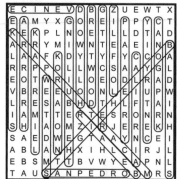

Puzzle 83

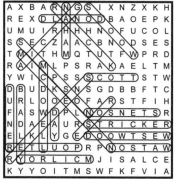

Puzzle 84

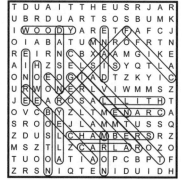

Solutions

Puzzle 85

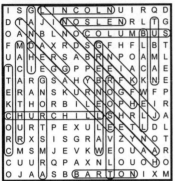

Puzzle 86

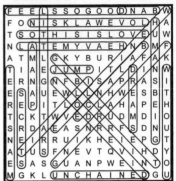

Puzzle 87

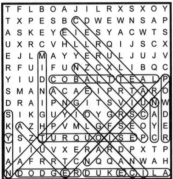

Puzzle 88

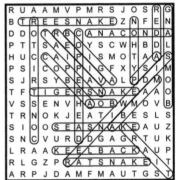

Puzzle 89

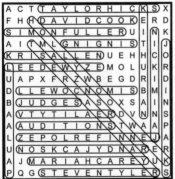

Puzzle 90

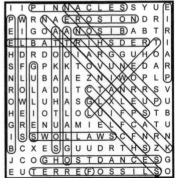

Puzzle 91

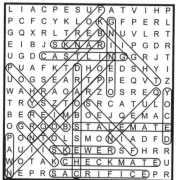

Puzzle 92

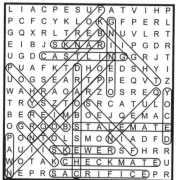

Puzzle 93

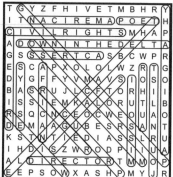

Puzzle 94

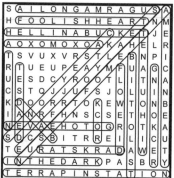

Puzzle 95

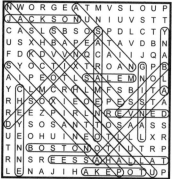

Puzzle 96

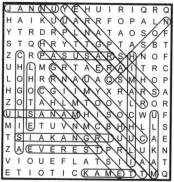

Solutions

Puzzle 97

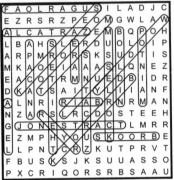

Puzzle 98

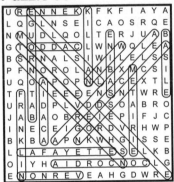

Puzzle 99

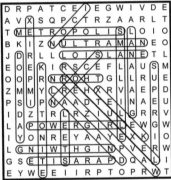

Puzzle 100

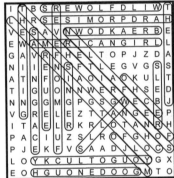

Puzzle 101

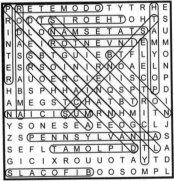

Puzzle 102

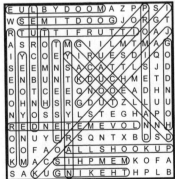

Solutions

Puzzle 103

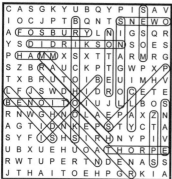

Puzzle 104

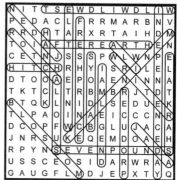

Puzzle 105

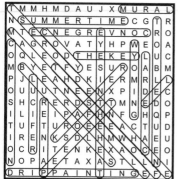

Puzzle 106

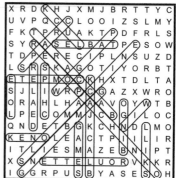

Puzzle 107

Puzzle 108

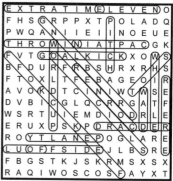

237

Solutions

Puzzle 109

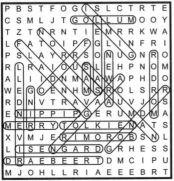

Puzzle 110

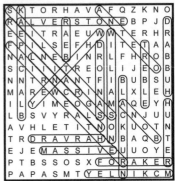

Puzzle 111

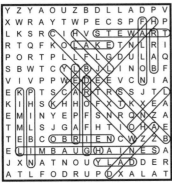

Puzzle 112

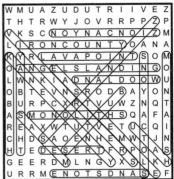

Puzzle 113

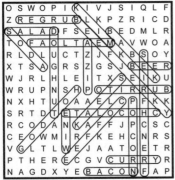

Puzzle 114

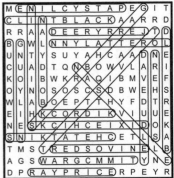

Solutions

Puzzle 115

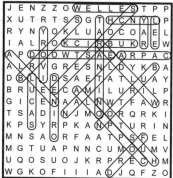

Puzzle 116

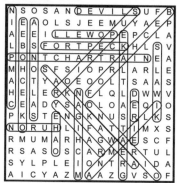

Puzzle 117

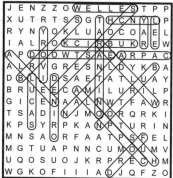

Puzzle 118

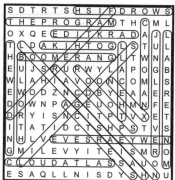

Puzzle 119

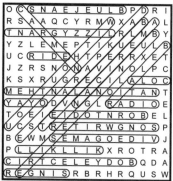

Puzzle 120

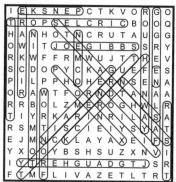

239

Solutions

Puzzle 121

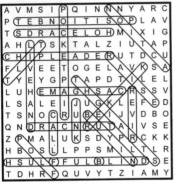

Puzzle 122

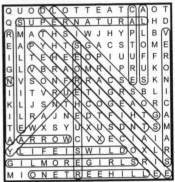

Puzzle 123

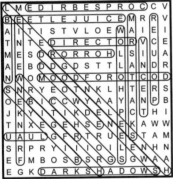

Puzzle 124

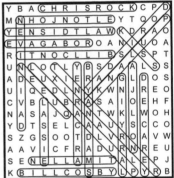

Puzzle 125

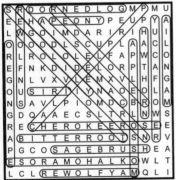

Puzzle 126

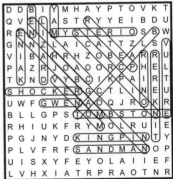

Puzzle 127

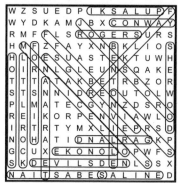

Puzzle 128

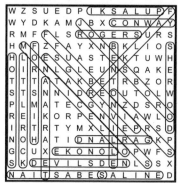

Puzzle 129

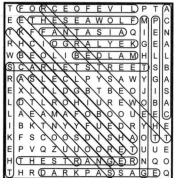

Puzzle 130

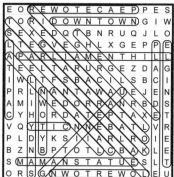

Puzzle 131

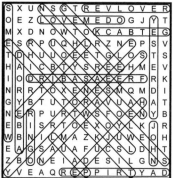

Puzzle 132

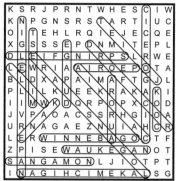

Solutions

Puzzle 133

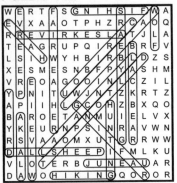

Puzzle 134

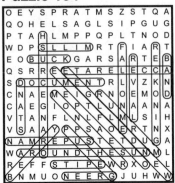

Puzzle 135

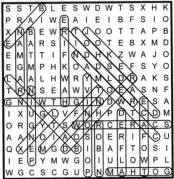

Puzzle 136

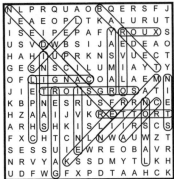

Puzzle 137

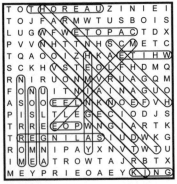

Puzzle 138

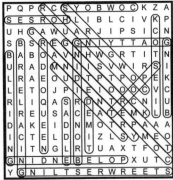

Solutions

Puzzle 139

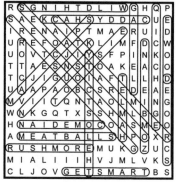

Puzzle 140

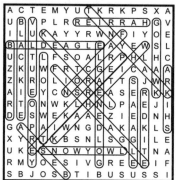

Puzzle 141

Puzzle 142

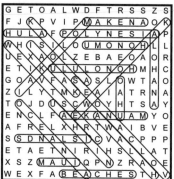

Puzzle 143

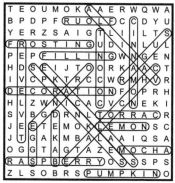

Puzzle 144

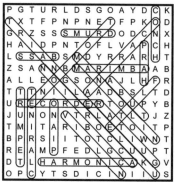

243

Solutions

Puzzle 145

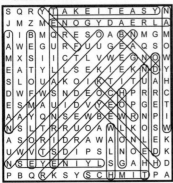

Puzzle 146

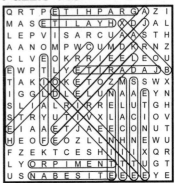

Puzzle 147

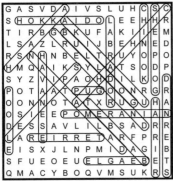

Puzzle 148

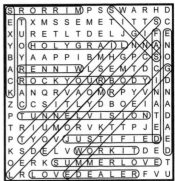

Puzzle 149

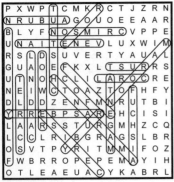

Puzzle 150

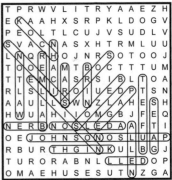

Puzzle 151

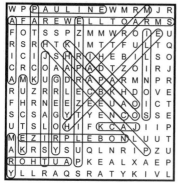

Puzzle 152

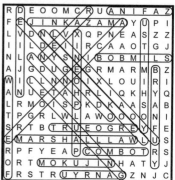

Puzzle 153

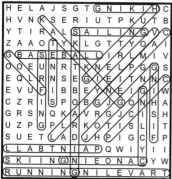

Puzzle 154

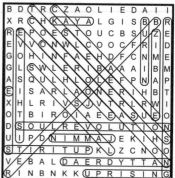

Puzzle 155

Puzzle 156

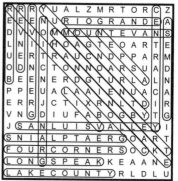

Solutions

Puzzle 157

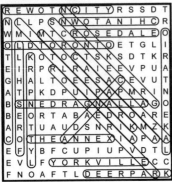

Puzzle 158

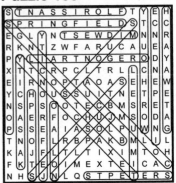

Puzzle 159

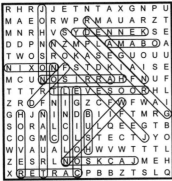

Puzzle 160

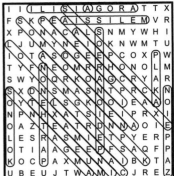

Puzzle 161

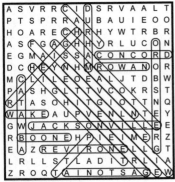

Puzzle 162

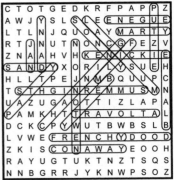

Puzzle 163

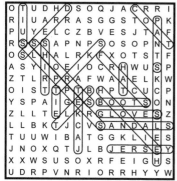

Puzzle 164

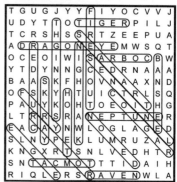

Puzzle 165

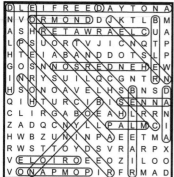

Puzzle 166

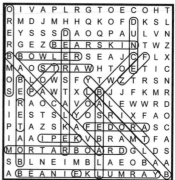

Puzzle 167

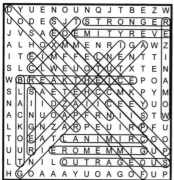

Puzzle 168

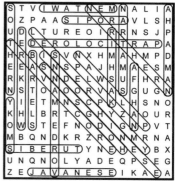

Solutions

Puzzle 169

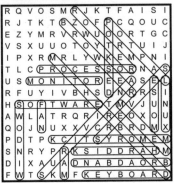

Puzzle 170

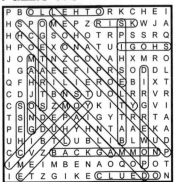

Puzzle 171

Puzzle 172

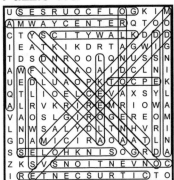

Puzzle 173

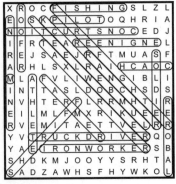

Puzzle 174

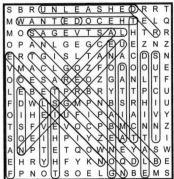

Solutions

Puzzle 175

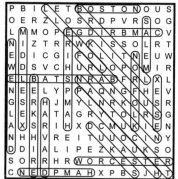

Puzzle 176

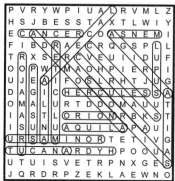

Puzzle 177

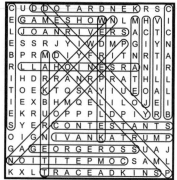

Puzzle 178

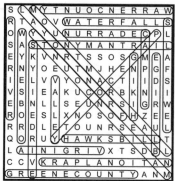

Puzzle 179

Puzzle 180

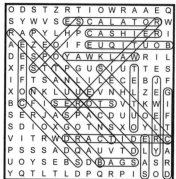

Solutions

Puzzle 181

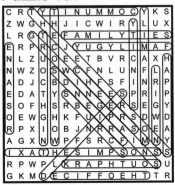

Puzzle 182

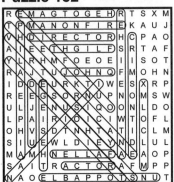

Puzzle 183

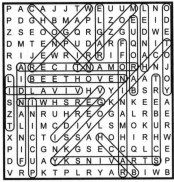

Puzzle 184

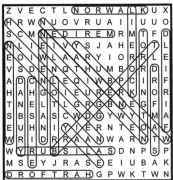

Puzzle 185

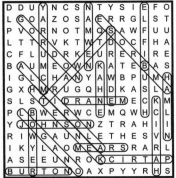

Puzzle 186

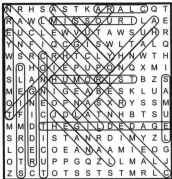

Solutions

Puzzle 187

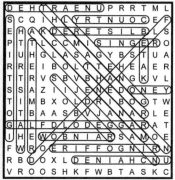

Puzzle 188

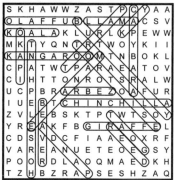

Puzzle 189

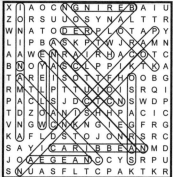

Puzzle 190

Puzzle 191

Puzzle 192

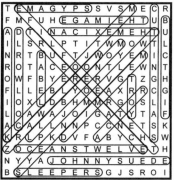

Solutions

Puzzle 193

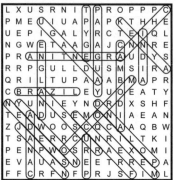

Puzzle 194

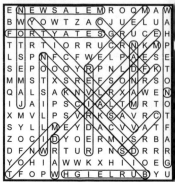

Puzzle 195

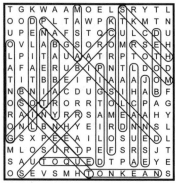

Puzzle 196

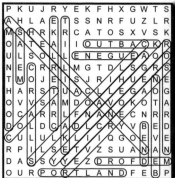

Puzzle 197

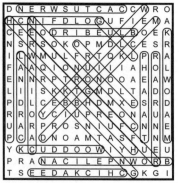

Puzzle 198

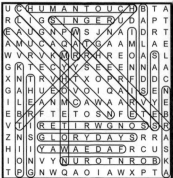

Puzzle 199

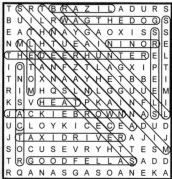

Puzzle 200

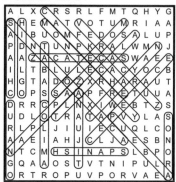

Puzzle 201

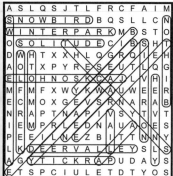

Puzzle 202

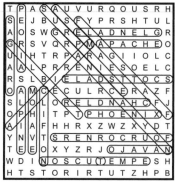

Puzzle 203

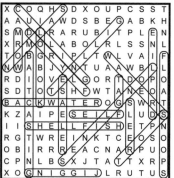

Puzzle 204

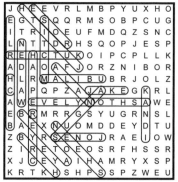

Solutions

Puzzle 205

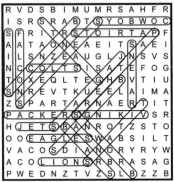

Puzzle 206

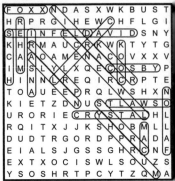

Puzzle 207

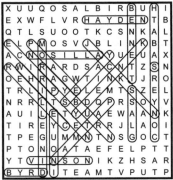

Puzzle 208

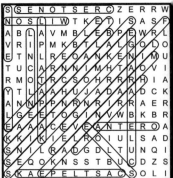

Puzzle 209

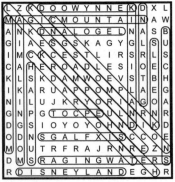

Puzzle 210

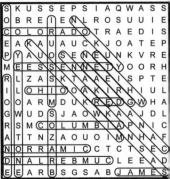

Solutions

Puzzle 211

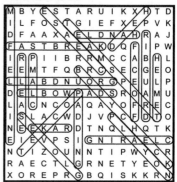

Puzzle 212

Puzzle 213

Puzzle 214

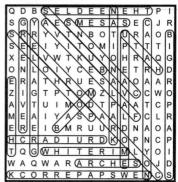

Puzzle 215

Puzzle 216

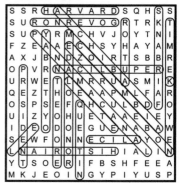

255

Solutions

Puzzle 217

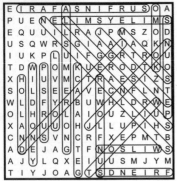